跟隨菩薩的修行者

我那見證善惡輪迴、執念果報的靈能人生

劉偉中 著

晨星出版

二、現世報

三、輪迴業障

四、家族故事

五、我的修行

六、風水故事／萬物有情

序

感謝各位好友不斷支持與鼓勵，我終於完成籌備多時的勵志新書。這本書累積了我這幾十年的親身體驗、從業體悟，與好友們分享給我的故事。我平常會透過ＬＩＮＥ分享這些故事給朋友，而經過編輯收集與潤飾、分段，使其更容易閱讀。

我在修行途中，協助超渡過許多亡靈、處理風水，不僅協助許多受難的靈魂，也看到許多家族醜惡的鬥爭。我也看過許多因果輪迴，有許多人前世作惡事，導致此世遭受果報；也有些人因為這世作惡，竟然就遭到現世報。讓人不禁感慨，人必須心存善念，累積善舉，不作惡事，以便消除累世業障，讓自己修成正果。

而我也在此書分享我走上修行之路的原因，一方面是我四世之前於尼泊爾與佛法結緣，就這樣延續至今；另一方面，我在這一世一開始與菩薩結緣時，也歷經許多事情，比如我以前在海巡單位時救助落海的漁民，或者替自己部隊的弟兄送行，這些都讓我更加確信，自己走在協助大眾的道路上。

而我也見證萬物生靈與人類的互動，讓我深深體悟到，人類雖自稱萬物之長，但有時卻比其他生靈更加卑劣，而其他生靈不僅會對荼毒牠們的人類復仇，也會對有恩的人類報恩。我希望透過這些故事，也能讓大家知道，我們必須尊重萬物生靈與自然環境，人類僅是宇宙渺小的一部分。

之所以會分享這些故事，是幾年前菩薩跟我說，要我分享這些故事，讓大家都可以領悟佛法。本書收錄的故事雖然不少，但還有更多尚未收錄在書中。希望大家能支持，讓下一本能繼續完成，也感謝翻開書的你們。

一、協渡亡者

惡男搶走她的一切，包括她的房間

這是一個發生在台中市西區一棟十二樓大樓公寓裡的靈異事件，事主是我一位朋友的姪女。

姪女租了一間套房，格局有兩間房間。她看房時，感覺房子雖然有點舊，但維護得不錯，加上附近環境、生活機能都很方便，所以沒有考慮太多就租下來，幾天之後就搬進去住了。

剛開始住的第一個月，她並沒有發現什麼異常。直到有天她下班回家，發現自己常用的物品似乎被人移動過，沒有放在習慣的位置——包括自己專用的室內拖鞋。

她只是產生微微的疑慮，會不會是自己的疏忽了？

她再檢查一下兩間房間的門鎖及窗戶鎖，並沒有異常。

也許是自己忘了或是太敏感？

她放下疑慮，躺上床鋪。但這時她又有異樣感，似乎有人躺過她的床。

但是床上的東西、床頭櫃上的東西都沒有動過，怎麼有人躺過床呢？

或許是自己太敏感了，她沒再多想，就倒頭睡著了。

她隔天早上起床後，記起前一晚做過很短的夢：有個跟她年紀相仿的漂亮女孩，穿著居家的白色二截式睡衣，站在主臥房旁的陽台落地窗前，臉上毫無表情，靜靜看著自己，很快就不見了。但夢太短，她並沒有留下深刻的印象，所以也就不以為意。

她重新檢視一遍自己常用的東西是否都擺在習慣的位置，並另外拿了一塊羽毛墊放在自己的床上，用手指撥一下上面的羽毛，只要有人動過就能看出來，隨即出門上班。

那天業務太忙，她下班回到家時已經快要晚上十一點，開門時並沒有發現任何異樣，來到臥房後，卻發現床上的小羽毛墊的羽毛位置不對，有人撥動過或曾坐在上面。但她太累了，無法確認這代表什麼意義，只想上床睡覺。

半夜一點多時，她突然被惡夢驚醒。有一名似曾相識的女孩掐住她的脖子，歇斯底里地狂吼：「你為什麼住在我的房間！」

她被嚇到了，很快透過她的姑姑（也就是我朋友）找到我，請我盡快處理這件事情。

我向友人確認姪女的住址與命盤，並請示該套房所屬轄區的土地公、地基主（地靈公）了解情況，並請示菩薩能否協助此事。得到應允後，我請姑姑準備好法會所需物品，約好時間。

約定當天，我準時到達那間套房，在場的還有那位友人與姪女。

我首先請亡靈出來，不過，也許是亡靈感應到來者不善，請了很久都不敢出來。

我改用誠懇的態度，使用柔和的語氣，清楚告訴她：「今天我來，是代表菩薩來幫助你的，請你不需要害怕、擔心！」

她悄悄出來，看到現場的菩薩，證明我所言不假，終於放下心來。

我比出坐下的手勢，說：「能否跟我說你經歷了什麼？你希望菩薩能夠幫助你什麼？」

她坐下，娓娓道出一段悽慘的愛情故事。

26年前，我認識了一名富二代男性，很喜歡對方，所以很快就愛上他了。

富二代原本家境不錯，後來家中經營的傳統事業出了很大的問題，導致幾十年的公司倒閉了。但他從小就習慣奢華，家裡沒錢後，他就要求我出錢給他花用。

我自己是從事珠寶首飾買賣生意，所以有自己的人脈和經濟能力。但看到他這樣，我才眞的發現所託非人。我跟他大吵一架，他竟然惱修成怒，一不做二不休，他不僅想騙我的客户及好友的錢，還要求我配合他，只要我稍有不從，他就會威脅、恐嚇我，並且時常對我暴力相向。更可怕的是，他爲了不讓我逃走，還把我關在另外一個房間，用鐵鍊鎖住！

我害了很多朋友後，拒絕再幫他，並揚言要揭發他的罪行。他怕醜聞敗露，就用雙手把我勒斃，並用一枚特殊的大箱子把我的屍體裝在裡面，箱外又貼上力量強大的符令，把我封錮其中。在那之後，我叫天天不靈，叫地地不應。

後來我的屍體腐化成骨後，他把我的屍骨拿出去燒成粉末，裝在一枚小罐子裡，罐外依然貼上符令，把我封錮在裡面，放回原來的房間內，讓我即便已經化成鬼，仍舊無處求援投訴，更無法投胎！

也許是天意使然，沒過多久，他罹患難以治療的胰臟癌，便住院治療。他請朋友幫他把房間裡的東西丟棄銷毀，那位朋友不小心把放骨灰的罐子打破了，外面的符令也一同毀掉，於是我逃離禁錮，來到醫院病房，找到已經奄奄一息的他。

他一看到我，瞬間嚇瘋，自己從醫院的第十七樓一躍而下，自殺身亡。我則回到原本自己的房子，也就是這間套房。雖然套房陸續易主，但我沒有離開過，因爲這房間雖然被他侵占，甚至賣走，但這是屬於我的房間。

她說完後，姪女、友人和所有的菩薩，大家都流下不忍的眼淚。

菩薩問：「你是否想要投胎轉世？」

她看著菩薩，低頭流下眼淚，「我的一生過得很辛苦，又發生了這樣的事情，這代表我的前世今生並沒有修好。」她看向菩薩，「現在的人心太險惡了，我沒辦法信任，但如果菩薩願意收留我，我希望跟隨著菩薩一起修行，來彌補化解自己前世的惡因業果。」

菩薩點了頭。她臉上才露出一絲淡淡的笑容。

她回頭看了姪女，點了點頭，謝謝對方幫了自己一個大忙，也很抱歉嚇到對方。

她又轉向我，面露感恩之情。我揮了揮手，表示無需多說。她笑了。

這時，菩薩們起身，亡靈女孩隨祂們一起離開。我也向友人告辭，並請她的姪女另尋居所。

離開時，我想到那位惡質的富二代，即便他做得再周全，報應還是會來到。

那就是天理。

大樓被震塌，亡魂們跟著菩薩離開

這件事發生在幾年前，有一棟大樓因地震倒塌，造成一百多人死傷。

在一百多名的死傷者當中，有兩位大學生託夢給同班同學，說他們和其他住在大樓裡的人都還被困在裡面，沒有辦法出來，希望能夠幫助他們脫困。

這位被託夢的同學告訴家人後，家人帶他去廟裡請示城隍爺，城隍爺回應他們，這件事非同小可，必須請示地藏菩薩才能決定，但也告訴他們會妥善處理，不要擔心，處理好後會轉告他們知道，並且謝謝他們全家的善念。

然後有一天，我突然夢見了那棟大樓在地震後的災變狀況。我起床後，向菩薩請示這件事情，祂們要我三天後再請示，到時就會跟我說明如何處理這件事情。

三天到了，我再次請示菩薩，祂給了我一個日期，要我去外縣市的災難現場，並表示到時災難現場均已清空，以瀝青鋪平，因此舉辦超渡法會會比較方便。

要舉辦超渡法會，傳統方式是搭棚架、供桌，以供品祭拜，但這種做法的事前準備及善後太費時，尤其這次的超渡的對象可能會超過原來往生者的數量非常多，故省去繁瑣儀式，採用簡便方法舉行即可。

菩薩要我準備、鮮花、水果、蓮花燭、礦泉水、貢香、往生蓮花108朵，天庭、地府的支付憑證各12張，並帶一名弟子隨行協助。在法會中要讀誦八部經文：《水懺》、《佛說阿彌陀經》、《藥師本願功德經》、《地藏本願經》、《般若波羅蜜多心經》、《大悲咒》、《普門品》與《白衣神咒》。

指定日期當天一早，我帶著一名弟子，把準備好的物品放入汽車內，六點多就從台中出發，約八點半左右到達災難現場。我們攤開攜帶的折疊桌，把所有的祭祀用品都就定位，點九柱清香，恭請地藏王菩薩。

沒多久，現場吹起一陣旋風，激起沙塵。我們專注一看，地藏菩薩到了。在祂身旁陪同的有東嶽大帝、閻羅天子、酆都大帝、十殿閻王及城隍爺、土地公、地基主（地靈公），祂們站成一個ㄇ字型，留下空間及走道，準備給等一下要來的亡靈。

這時，遠方傳來隱隱的哭聲，愈來愈近，愈來愈清晰，然後亡靈們出現了。

亡靈隊伍最前方的是大樓倒塌往生的亡靈們，共計有85位，加上一名孕婦肚內的胎兒共86位，但在祂們後面還有非常多亡靈，我自己預估應該超過一千六百多人。

我沒想到後面會有這麼多從其他地方前來的亡靈，便問了一下旁邊的城隍爺：「他們是誰？從哪裡來的？總共有多少人？」

城隍爺回應：「他們是多年來往生後無法得到幫助及救贖的人，知道今天地菩王菩薩會帶所有地府的菩薩來這裡救贖、超渡亡者，所以他們從很遠的地方趕來，也希望一同被救贖。」

我看到大樓倒塌的亡者，心情很難過，有人被壓扁，殘缺不全，半邊身體不見，肢離破碎，沒有頭的母親牽著一名小男孩，實在慘不忍睹。

當然，我也看到那兩位託夢求助的大學生亡靈。我問：「各界都有舉辦超渡法會，包括市政府、慈善團體都有，為什麼你們依然都留在這裡？」

其中一名學生說：「我們都沒有收到法會的通知，大家等了很久，最後才由我們兩人託夢請班上交情最好的同學幫忙。然後才接到菩薩通知我們時間地點，說到時地藏菩薩會來幫助我們。所以我們通知這裡的所有人，一起等待菩薩的到來。」

我點點頭，問：「其他的亡靈來這裡也是你們通知的嗎？」
學生回：「不是，是城隍爺請土地公通知其他地方的人。」

這時，地藏菩薩開口了。祂告訴現場的一千六百多位亡者：「今天，我們將會把在場的大家引渡回到地府，並且安排後續安置與投胎的事宜。等一下會有法船到達，大家要聽從菩薩的引導，到你們搭乘的船次，不需驚慌。」

這時，在場服務的菩薩處理好我們預先準備的地府支付憑證與支領的物資，如數發給在場所有的亡靈一人一份。亡靈們一拿到憑證與物資，原本身上髒污的衣服瞬時之間都換成了新衣。

這時，法船來了，一共有四艘。在菩薩的引導下，亡靈們依序登上法船，而地藏菩薩帶領地府所有重要的菩薩和他們道別，全部就緒後，法船相繼離開。

我及弟子在一旁見證這一切。

一切結束後，地藏菩薩轉身看向我，其他的菩薩也紛紛轉身看著我們。地藏菩薩跟我說：「辛苦了，謝謝你圓滿完成了交代給你的任務。」

我和弟子向菩薩行了禮後，向師父告辭，目送祂們先行離去。接著，我再次感謝當地的城隍爺、土地公、地基主、地靈公，接著就啟程返回台中。

平常實在不太有機會見到這麼多的亡者，這次事件給我歡喜與擔憂。歡喜的是，他們全都被菩薩救贖、超渡了；擔憂的是，有愈來愈多人類的貪婪私慾，害死了很多無辜的人。即使對加害人施以最嚴酷的刑罰，也無法彌補那些逝去的寶貴生命。

在那次法會後，只要我開車走高速公路，經過當地時，總會看一下當時舉辦法會的地點。

偶爾，我會發現當時被超渡的亡靈，依然會向我們車上的菩薩致敬。

汽車旅館裡總有些逝去卻不想離去的人

我有一位朋友經營連鎖旅館，最近，旅館相繼出現一些不可思議的事情，不但嚇到了客戶、員工，也影響到訂房率，因此他請我幫他檢視所有的連鎖旅館。他給我一張名單，列出七間汽車旅館的名字與地址，請我安排時間，他們會派專人、專車陪同引導。

之後安排週二早上十點半處理，但友人並沒有預先說明哪些房間有出過「事情」，顯然是想要考驗我的功力。不過他不知道，考驗我是沒有用的，厲害的不是我，而是背後支持我的菩薩們。

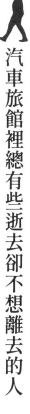

第一間旅館

時間一到，我首先到達他們公司的旗艦汽車旅館，館內有奢華的總統級套房，面積超過一百坪以上。我立刻請示此處地頭的土地公、地基主、地靈公，祂們隨即出現，並表示很樂意幫我的忙。

我們來到豪華的總統套房，進入到房間中央，往四周一看，我只能用四個字形容：極盡奢華。這裡只舉個例子，這一間房間的房內、房外各有一座溫泉池，這居然是有兩座泳池的套房。

不過，再怎麼奢華，目前這房間並不適合居住。

我看到房內溫泉池畔，有一名外表約五十多歲的男性，臉色泛白側臥在池邊，沒有任何生命的痕跡。

接著是臥室床上有一對男女，女性倒臥在床上，頭部被槍擊，血肉模糊；男性跪在床尾，持手槍，抵著自己的下巴往上開槍，射擊自己的腦門，造成腦門爆裂。

我問：「土地公，這三件命案是同時發生的嗎!?」我想我的語氣難掩訝異。

土地公說：「不是!裡面那位先生是半年多以前發生的，他是因為酒後浸泡溫泉，造成心肌梗塞而往生。因為他是單身沒有親人，自己又不願意離開現場，所以一直留在這裡。

另外，床上那一對男女是夫妻，行業可能是毒販，他們喝酒後太過興奮，吸食毒品後無法控制情緒，結果丈夫先以枕頭壓住太太，再持槍射擊她的頭，接著跪在床尾，用手槍由下而上射擊自己的下巴，當場殞命，這件事發生在一個月前左右。他們兩人也不願離開這個房間。」

這間奢華的總統套房傢俱相當齊全，還有供人坐臥的沙發。我請這三位亡者來到沙發坐下，向他們說明來意，告訴他們必須面對的後果，以及我可以協助他們的方式，並給他們最好的建議：自己勇敢去面對。

說完後，我請託土地公、地基主、地靈公，引導他們三人前往地府報到。其餘房間沒發生過命案，所以我就沒有再勘查了。

第二間旅館

接著，我們前往第二間汽車旅館。

一下車，我就告訴陪同的業務部經理和特助：「314號房間曾經發生過事情，有一位40歲的男生因感情因素而服藥自殺。其他房間裡，雖然有一間曾經發生過意外，但是當事人並不是在旅館內往生，而是送醫後因情況急轉直下，在醫院往生的，當事人魂魄就沒有留在旅館裡了。」

說完後，也由不得他們不信，我們便一同去314號房間。

一進門，我便看到亡靈，也就是那位40歲的男性亡靈。我直接問他：「你知道自己已經死了嗎？」

他看著我，說：「我知道。」

我問：「你了解自殺行為會得到怎樣的刑罰嗎？」

他搖搖頭，「不知道。」

我把懲罰的規定告訴他，他嚇得楞住了。

我告訴他：「做錯了事情就要承認、認錯、面對。只要你肯懺悔、改變，菩薩應該會從輕發落。你已經延遲了到地府報到的最後期限，喪失了給自己說明釐清的機會，趕快回去吧！不要最後連做畜牲的機會也沒有了，最後落得得不償失的下場！」

或許是我的勸說有效，或許是他對自殺的懲罰感到害怕，他終於接受了我的建議，離開房間前往地府。

第三間旅館

第三間分館是屬於商務旅館，所以房間比較多。我巡了一趟，確認曾發生過命案的房間有三間，將房號寫在紙上，交給經理。經理看到號碼後，頓時表情錯愕。我說：「這是我與生俱來的能力，所以用平常心看待就好。」

這三間房間的往生者，死因都是自殺身亡。

第一間的亡靈是一名四十幾歲的女性，已經在這裡很久了，她因服用安眠藥又割腕而過世。

第二間的亡靈是二十幾歲的年輕男子，因為感情受挫而酗酒，然後把自己雙手手腕的動脈全部割斷，失血過多而亡。

第三間的亡靈則是一名五十多歲的男士，他因為經商失敗，背負高額的債務，決定服用大量的安眠藥，走上絕路。

看完後，我告訴經理，「我需要休息一下，喝杯咖啡或是熱茶。」

他們帶我到休息的大廳，給我喝了杯咖啡。我品嚐著咖啡的苦澀，同時內心激起一股莫名的憂傷。

目前看到的七位亡靈，竟然有六位是自殺身故，這社會有許多地方值得我們警惕。

後面還有四家分店要看，不知道又會有什麼樣的驚奇？但總之，必須全部看完才會了解。

第四間旅館

20分鐘後，我們啟程勘查第四間分店，這間汽車旅館比較新，且地處交通要道，理論上來說應該生意比較好。但是，有年輕人將這間旅館做為吸毒轟趴場所，其中一名年輕女性吸毒過量，被丟棄在旅館裡面。當旅館工作人員清理房間時，才發現她已經氣絕多時。

她死因是自殺或是被殺實在不得而知。如果她明知吸食毒品相當危險，卻執意吸食，且導致喪命的結果，依然視同自殺行為；如果她並非依照自己意願，而是遭受別人強迫吸食而喪命，則違反了枉死條例。

不過，現場並沒有需要我再處理的地方，因此不久後，我們便前往第五間分店。

第五間旅館

第五間汽車旅館雖然外表有點老舊，但是歐式建築的外觀在形式上反而給人新穎的感覺。

我前後走了兩次，並沒有發現房間內有任何異狀，突然覺得氣氛有異，轉頭看到最後一間的置物倉庫，看到一名沒有頭的女性亡靈，年紀應該很輕。

我走近她。我問：「請問你遭遇到什麼樣的事情？」

她說了一個悲傷的故事：

這間汽車旅館還沒有蓋之前，是一棟舊的房舍，總共有三間民宅，都屬於同一個家族。我認識他們家的大兒子，是男女朋友的關係。我們兩人認識很久，原本論及婚嫁，後來我就住進第一間房子跟他同居。

但是，他自恃家業雄厚，又是大兒子，一天到晚花天酒地、不務正業，又染上不好的嗜好，苦勸不聽，所以我想要離開他。但他捨不得放棄我，死纏活纏又屢次暴力相向。

有一次，我抓住機會逃走了半年，後來被他的狐朋狗黨找到，抓回他家。他發現我又交了新的男朋友，醋勁大發，動手一直打我，我逼不得已也動手還擊，結果使他怒火中燒，把我活活打死，並用刀子割下我的頭，用袋子裝起來，丟在住家附近的河裡，然後放火燒了房子，並且逃走。雖然後來他被捉了，也付出代價，但是我卻成了永遠的孤魂野鬼，沒有機會投胎轉世。一直以來，我無法平復內心的怨恨。

在這裡的舊房子轉租後，被改建爲汽車旅館，讓我有地方可以暫住。這故事使我感慨人性之惡。我問：「你有去求助神明、菩薩嗎？」

她說：「沒有，但是曾經有土地公和地基主問我需不需要幫助，但我回絕祂們。我一直想找機會報仇，卻無能為力——我那可惡的前男友財大氣粗，雖然被判處重刑，但是利用漏洞申請假釋便可以出獄！」

我說：「如果真的想要菩薩幫助，你要自己真心請求，菩薩會幫你討回公道，還你正義的！」

她突然大哭起來。或許她領悟到我說的是真的，只要懺悔，就會有更強的力量幫助她。

約莫五分鐘後，三位菩薩已經站在她的面前。

菩薩拍拍她的肩膀，說：「孩子，委屈你了。」

她連忙一直不停向菩薩鞠躬，「請菩薩幫我、請菩薩幫我……」

「當然，我們一定會幫你。」

這時，地府來了兩位將軍，帶著一枚袋子，打開，拿出她原來的頭顱，幫她裝上，她恢復了原本的模樣。

「你先跟著這兩位將軍回到地府，向閻王備案，剩下的事情我們會處理。」

她說：「多謝菩薩！」並向菩薩叩頭答謝後，就隨著將軍離開，當下菩薩也一同離開了。

這時，在旁陪同的旅館人員早已不知所措楞住了。雖然他們看不到亡靈跟神佛菩薩，但也能聽到我和亡靈、神祇的對話。這一切令他們感到不可思議！

我看了一下他們的表情，笑著說：「隔行如隔山。」

他們尷尬地微笑點頭。接著。我們向第六家分店出發。

第六間旅館

第六間汽車旅館是開業不久的新旅館，所以很受年輕族群的喜愛。但我一進門就感覺有強烈的靈界邪惡能量，有異於一般正常靈界的氛圍。

這些亡靈身上的怨念很特別，他們在死前可能遭受到嚴重的摧殘與傷害。而且現場不僅有亡靈，還參雜著其他界別的靈魂。

我對此非常納悶，所以請示菩薩釋疑。菩薩說：「這些亡靈在死後都被邪惡法師的法術所操控，也就是俗稱的養小鬼，然後分靈在娃娃、玩偶、佛牌、飾品、衣服用品上，用這種方式影響其他人的意念、運勢、情緒。」

菩薩一句話解除了我的疑惑。這間汽車旅館目前尚未發生命案，主要是因為開業時間短，運氣還不算太差，但如果養小鬼的事情不處理，很快就會出現問題。

處理完後，我們接著再勘查最後一處。

第七間旅館

第七間旅館是一間商務旅館，因為近臨科技工業區，交通方便，所以客群以商業人士為主，國外商辦人士比較多，當然旅館的裝潢設備也比較高檔。

我進入旅館，走了一圈後，找出兩間出了問題的房間，房號分別是3號和17號。

3號房間的亡靈是一位日本籍男性，年齡約五十歲。他因為晚餐與他人應酬時喝了不少酒，在睡夢中心肌梗塞往生，但往生後竟然一直在旅館裡住了四年，到現在還不肯走。幸好可能是因為他的膽子比較小，常躲在房間裡，所以比較不會嚇到人。

17號房間的亡靈則是一位歐洲女性，有點年紀，外型精明幹練。她睡眠品質不佳，所以多服了幾顆高效安眠藥，引發心臟衰竭往生。她往生已經一年了，卻無法回家，令人難過。

我請示菩薩，祂向我說明那兩人的事情：「那位日本男性，就算回到故鄉，也沒有親人在世上了，而且他厭倦了日本的生活方式，所以不願意離開。這位歐洲的女性，可能是靈界接引的方面出了問題，所以無法回到故鄉。」

冗長一天的勘查結束了！確認完所有亡靈的狀況後，我跟公司約定，會舉辦法會，將尚未引渡的亡靈全數引渡回地府，依照他們的情況依律安置、處分。這七間旅館，合計有十一人往生，其中有七人是「自殺」、三人病故，一人被殺（或是疑似兩人）。

比較令我擔憂的是七人自殺的部分，生命是有特別意義的，但當代卻有許多人無視自己生命的意義，遇到問題就走向極端，不僅代表家庭、社會教育逐漸失能，也代表啟發、勸化人心的宗教已經漸漸無法幫助到當代人。

我可以幫助亡靈引渡，但僅僅我個人還是無法改變整個社會，幫助每位失落的人。只能希望大家若看到這裡，能思考一下、尊敬自己的生命，不要輕易走上絕路。

後記

後來，第五家分店那位被身首異處的年輕女孩託夢給我。

她不僅感謝菩薩和我的幫忙，讓她有機會重新投胎轉世，還跟我說，前男友在申請假釋時遭遇阻礙，沒有通過，後來因病戒護送醫急救，發現已經罹患淋巴癌末期。

他心生絕望，利用戒護人員的疏忽，從醫院13樓跳下，直接用頭部著地，整個頭部全部碎裂四散，如同一具無頭屍體。

也許是巧合，也可能是天理昭彰。但我看過類似的事情太多次，我知道，善惡終有報，沒有人可以置身事外。

大學生亡靈讓百貨公司業績一蹶不振

幾天前，有一家大型百貨公司突然被一群警察封鎖了某樓廁所，沒有人知道發生了什麼事情。這時，我的超感應力跟我說，那裡發生命案了。死者是一位很年輕的男性，他用自己的皮帶上吊自盡，現場充滿了極大的怨恨之氣，似乎希望有人能夠幫助他。但由於怨氣太重，事發百貨公司業績突然掉到平常的三分之一，大家都變得人心惶惶。

第二天，這項消息被證實了。同時，我開始不斷接收到這名少年求助的訊息，也一同接到百貨公司營運方與餐廳求助。因為員工都可以強烈感受到那股怨念，讓他們不敢上班。

我點了一支臥香，向菩薩請示。

祂跟我說：「那名少年有很深的怨恨想要申訴、求助，但是礙於他是自殺身故，而且頭七都還沒有到，所以他還不知道自己已經死了。而且他又性急，把怨氣的氛圍散佈到整個百貨公司，甚至旁邊的公司、店面。你先去拜訪當地的城隍爺，了解全部過程後，再和這個年輕人溝通。他若是願意接受我們要求的條件，就幫助他。」

我照菩薩指示的方法向城隍爺求教。城隍爺跟我說詳細經過，並跟我說，如果我決定要去勸化年輕人，祂會陪同在我身邊。我點頭致謝。

接下來，我和少年亡靈經過兩天的溝通，終於說服他接受調查與調解，我才願意出手幫助他。

確定處理時間後，我先稟告了菩薩和城隍爺，接下來請在那間百貨公司上班的朋友提供一間空房間（他的辦公室就位於案發的樓層），讓我能進行調查與協調，並請他準備花、香、燭、茶、果五供，做為恭請主管菩薩降臨的典儀供品。

約定時間是早上九點，我準時進入百貨公司。一踏入大門，就明顯感受到現場強烈的怨氣。我走入電梯，隨著電梯上樓，怨念的氛圍也逐漸加強。

電梯開門，一股強烈的怨氣直衝而至，空氣突然凝固，讓人無法動彈。難怪員工嚇得不敢上班。

因為還不到上班時間，所以走道燈尚未全部開啟，僅有零星的指示小燈，空間相當昏暗。我走進朋友準備的臨時協談室，點上了臥香，召請菩薩親臨。接著，我走向大樓後方的廁所，也就是命案現場。

短短不到八十公尺的距離，卻被黑暗拉長了空間感，彷彿走了更遠的距離。我走進廁所後，按下電燈開關，接著走到殘障隔間，向這位少年亡靈說：「我來了，請你跟我一同去見菩薩。」

他穿門而出迎接我，我先經過他旁邊，打開廁所門，看了一下內部情況。這間殘障隔間的牆上有設計一些掛勾。我問他：「你是運用掛勾，坐在馬桶蓋上吊自盡嗎？」

他點點頭。

我關上廁所門，向他說：「跟我來。」

我們很快就來到協談室，我向他介紹了在場的菩薩後，要他坐在我正對面的椅子上，菩薩們坐在兩側。

我請他把事情前因後果都說清楚。

這時，城隍爺的文判把一份資料拿給我參閱，這是祂們所做的調查記錄，方便我在聽少年陳述時比對使用。

少年原是一名在學的大學生，家庭經濟狀況還不錯。

他到住家附近的便利商店買東西，被人舉發偷取別人的耳機，遭報警處理，並被警方約談。警方調閱便利商店的監視錄影後，發現他頗有嫌疑，所以做筆錄後就移送到地檢署。檢察官偵查後，也認為影帶上的人和他本人的相似度極高。雖然他多次否認犯行，但是提不出對他有利的證據，所以很快就被宣判竊盜成立，判決五個月刑期，可以易科罰金。

他接到判決書後，無法接受這樣的判決。雖然家人有勸說他，判決可以易科罰金，不會被關，但他認為，自己沒有做錯事，為什麼要被冤枉留下一個污點？他決定找一個地方以死明志，結果就成為百貨公司中的怨靈。

聽他說完後，我拿相關證據顯示給他看，這些證據的提供者是地府閻王殿、城隍爺，與事發便利商店的地基主，結果都指向他就是竊盜主嫌。

此時，我告訴他：「我以前年輕時在公家機關擔任過執法人員，也曾碰到過類似的事情，因此後來也有去用心去研究，並請教相關的專家。我得出一個結論，這樣的結果代表『因果關係』，也代表我們必須經歷這樣的過程，考驗我們心性是否冷靜與智慧。」

我詳細解釋：「因果關係的顯性提醒，是跟我們說，我前世曾經做過不好的事情，傷害到別人，所以受害人在這世想要報仇雪恨；再來，其隱性的提示是跟我們說，必須積德修福，多行善舉，補滿不足的缺憾；最後，人非聖賢孰能無過，針對無意的過失，只要自己真心懺悔認錯，並且改過，都是可以被接受的。過度的執著，非但無助於解決問題，反而產生更多的問題。」

這時，我拿出他的生死簿，翻到他往前四世的記錄。簿子上記載他曾經犯過的錯誤，且那錯誤確實傷害到別人的生命，使受害人蒙受了不白之冤，所以對方一直在累世時找尋報復的機會。

我跟他說：「這次的事情，表面上你受到了冤屈，但實際上你確實傷害過別人，對方這次來報仇了。」

他終於領悟，這整件事其實只是在還給前面那位受害者一個公道，而且原本不需悲劇收場，只要能冷靜判斷，認錯懺悔，結果必然完全不同，且獲得的教訓可以讓這一世往後過更順暢、更坦盪。

人性的自性業——無明和我執——造成了悲劇收場。而他更必須承擔不尊重生命的罪名。自殺的人必須面對七世輪迴，每天重複過程，七世期滿，第八世打入畜生道，永世不得為人。

這時，他突然跪下，低頭向在場所有的菩薩說：「拜託，能不能給我一次改過的機會……」

主事菩薩看了看其他在場的菩薩，祂們彼此之間以眼神交換意見，最後說出裁決：「亡者今天終於了解天理昭彰，基於主動認錯懺悔，表示善良之心未泯，可以考慮法外施恩。在未來輪迴的七世當中，必須要勸化救回四名以上想要自殺的人，第八世再經過考核通過，才可以撤銷原判決。」

我對他說：「請你向前世的受害者、向天地之間的菩薩、向自己這世的父母親、更要向自己真心道歉，誠心懺悔！」

此時，少年已經淚流滿面，不能自已。同時，整棟百貨公司原本緊蹦的怨氣，瞬間完全解除了。

菩薩要求兩位地府將軍，即刻押解亡者返回地府受審。我向在場所有的菩薩表達敬意和謝意，恭送祂們離開。

我將一瓶加持過的淨水交給朋友，請他把公司全部及廁所淨化乾淨。朋友想拿出紅包，但我只是笑一笑，沒有說什麼就離開了。

舉凡世事因果，必出有因。或許那原因太過遙遠，我們一時沒有視野能看見，但若冷靜下來，以智慧處理，大多事情都能獲得更好的結果。

屏東地藏王廟鬧鬼，竟是二戰日軍亡靈想回家

三年前，有一位住在屏東的朋友跟我說，他們家幫忙公所代管地藏廟，廟裡最近接連發生事情，讓他們家人都不敢留在那裡——地藏廟出現日本兵的亡靈！

他們原本請了當地頗具盛名的大師，結果都被日本兵亡靈整得灰頭土臉、狼狽不堪，甚至逃之夭夭。

他希望我能夠抽空專程來一趟屏東，幫他們勘查處理。

經過菩薩應允後，我預先準備一些可能需要用到的裝備，安排三天兩夜的行程，夜宿地藏廟，準備跟這些亡靈們來一次有誠意、有深度的協調溝通。

由於情況與以前處理過的狀況不大一樣，出發前，菩薩要求我注意自身的安全。

萬事俱備後，當天一早，我行駛三個半小時的車程，準時抵達屏東的地藏廟。

我先把行李、用品放在客房，再來到廟內，向分身地藏菩薩上了九支香，稟明這次的行程。接著，我在廟前的大庭坐下，稍做休息，仔細觀察地藏廟的四周景觀及不尋常的氣場。

午餐後，我刻意來到廟後山邊的大樹下，拿了一床涼席鋪好，就在樹下午休，看會不會作夢，結果事與願違。起床後，我召請地頭的土地公、地基主（地靈公），竟然也沒有得到任何的回應。此時，我明白事有蹊蹺，不可衝動行事。

下午，我準備好今晚召靈需要用到的物品，並告知友人，請他們家及其他閒雜人等晚上不要來廟裡，以免受到傷害。大家離開後，現場只留下協助儀式的友人而已。我們在天黑前擺設好法壇，在四周設下五行奇門遁甲，並連繫好地方的城隍爺，請祂的兵馬先退出三里，以免打草驚蛇。

傍晚，我用過晚膳後，換上法袍，點上法壇上的燭燈，然後坐在壇前的椅子上。朋友則坐在廟門旁，以便隨時援助我。

時間一分一秒過去，很快就過去三小時，我看一下手機螢幕，已經晚上十點鐘了。其實我很清楚，若還沒進入子時夜，亡靈通常是不可能出來的。

我重新把喝完的水杯盛滿，開始運用超心靈感應，召喚周邊附近的亡靈。

剛開始，我沒有收到任何回應。

一個小時後，我再度召喚。我原本以為不會有反應，結果竟然開始聽到整齊的腳步聲，是軍隊穿著皮鞋走路的聲音，還穿插著日本口音的口令聲和軍歌。

他們終於來了。

皮鞋的腳步聲和日本軍歌愈來愈近，最後，一整隊的日本部隊來到廟埕。

帶領這支亡靈隊伍的是一名軍官，軍階為大尉。

我向他說：「你好，請坐，請首先告知身分，以及今天來這裡的原因和目的。」

他兩眼炯炯有神，上下打量著我，然後開口說：「我的名字是藤田志川，是這支部隊的隊長。我們部隊總共有137位弟兄，已經駐守在這裡九十年了。廟後面的山上，就是我們的部隊基地。」

我問：「最近廟裡接連發生的事情，是否跟你們有關係？」

他點了頭。

我再問：「是因為什麼原因？」

他回答：「我們在這裡已經駐守很久了，每一位部下都很想念家鄉的親人，但是我們沒有能力返回故鄉，也沒有人可以幫助我們，大家一直被困在這裡，內心非常痛苦……」他問：「你可以幫助我們嗎？」

我看向他，再回頭看向菩薩，菩薩師父對我點了頭。

我再看著他，對他點頭，問：「你們需要什麼樣的幫忙？」

他說：「請幫忙我的部下，讓想要回去家鄉的人都能夠如願回家。若他們不願回去，看能否留下來，在廟裡擔任護衛寺廟的護衛隊？」

我說：「可以。」順便問他：「那你想要回家鄉嗎？」

他搖頭。

我問：「為什麼？」

他說：「我的家鄉在廣島，美國人丟下的第一顆原子彈，就落在我故鄉村子裡面。我知道所有的親人全部都已經不在了，而且再也找不到什麼東西了。」

他的眼神泛出一絲淚光，隨即他又收斂，壓抑住心中的悲傷。

他繼續說：「所以我已經沒有回去的必要，那樣只會讓我更傷心，不如留在這裡。」

我向他點了一下頭。接下來，我請他確認想回鄉和想留下的人，列出名單，他立刻交辦下去。

這時，城隍爺派人來到廟埕，送來能夠飽腹的豐盛熱食。我示意隊長派人分配下去，他便派人收下，分送給大家食用。

他們商議後，這１３７位日本駐軍亡靈中，有31位願意留下來，包括隊長藤田志川。其他１０６位選擇返鄉。我向菩薩稟告他們的決定，菩薩們開了會，同意他們的意願，並把留下的31位日本弟兄納入地藏廟五營的兵將編制，繼續協助地藏菩薩濟世助人的工作。

我們約好第二天早上十點半，舉辦正式加入五營的儀式；當天下午三點半舉辦超渡法會，由地府派出法船，超拔１０６位弟兄，護送回日本家鄉。

大致做法底定後，我要隊長和部下先回去休息，準備明天早上準時到場。

第二天早上，我很早就起床，把加入五營儀式的法會所需的東西都就定位。協助我的朋友也把預定的花、果、物品都放上桌。我們很快吃完早餐，就開始舉行法會。

早上十點半，日本隊長帶領所有的部下來到廟埕，106位要返回家鄉的在旁觀禮，而31位發願參加地藏廟五方兵將營的人，他們決定跟隨地藏菩薩，濟世救人，以彌補他們自己造成的殺孽果報。

他們都就位後，我點上36柱香，召請天界、娑婆界、地界的三方菩薩到場，一同出席參加的還有地方的城隍爺、土地公、山神、地基主（地靈公）。

儀式正式開始。

首先，由在場的日本兵部隊向前來的菩薩行禮致敬，然後由隊長藤田志川代表31位志願者發表宣言，正式加入地藏廟護法營。五營統領將軍代表地藏菩薩，頒贈營旗一面及天旨，由隊長代表接下，這代表他們正式成為五營的一部分。

現場掌聲歡呼雷動，新加入的人員和原有編制人員相互祝福。禮成後，菩薩離開了，我要部隊長下午三點半帶著所有人員參加超渡法會，歡送要超渡回鄉的106位部屬。

這時，藤田志川近身問我：「你以前是否有當過兵？」

「我是台灣的軍校畢業，曾經服役很長時間，官拜少佐。」

他眼神一閃，喊了口令，要他的部下一起向我行舉手禮，我也回禮。

他們返回營房，直到下午三點半，106位要回鄉的日本軍人穿上整齊的軍服和裝備，已經在廟埕待命。31位留下的同袍，包括隊長，來送他們最後一程。

我陪同地府方面先到的菩薩和城隍爺，向祂們確認後，由我宣布菩薩的感言：「這次的際遇，是因為人性貪婪的慾望，讓無數無辜的人來承擔承受戰爭慘痛的後果。希望今日別後不要重蹈覆轍，回到故鄉投胎轉世，一定切記囑咐，後代引以為戒，永不再犯。」

這些士兵只是戰爭底下的犧牲者，而我更希望那些發動戰爭的政治人物切記，不要為一己之私，造成整個國家、甚至世界的動亂，否則業報來臨時，他們將後悔莫及。

這時，地府的三艘法船已經到達現場，現場支援的菩薩引導106位士兵登上法船。待全部就緒後，他們便出發返回日本了。在場的大家目送他們緩緩離開，心中默默祝福他們一路順風。

我告別分身地藏菩薩、城隍爺、藤田志川隊長與另外30位留下的士兵，還有協助法會的好友，便驅車返回台中。

此刻已經是傍晚時分，我打開車窗，微風吹拂，享受無事一身輕的感覺，內心充滿喜悅。

後來，經過菩薩的處理、安排後，地藏廟重新恢復了生氣及原有的安靜和諧。跟之前不同的地方是多了一些很有禮貌的日本籍服務員幫忙——當然，要看到他們就必須要有緣份了。

亡魂作祟的上海公司大樓

我認識一位上海的企業家，以前他每隔一段時間就會來台找我請教。有一次，間隔了幾年後，他才再度出現，我發現他身體的狀況、氣色都不理想，於是問他：「你最近怎麼了？」

他面色苦惱，說：「三年前，我買下一棟新完成的辦公大樓，位於上海開發區裡，結果公司的業績、員工的狀況和我自己的身體都出現一些問題，但是去體檢都找不到原因。因為我的身體及公司的狀況，我覺得非得跑一趟台灣，請你幫忙不可。」

我先檢視他的狀態，看見有一些亡靈竟然從上海跟隨他過來，但現在待在我住處外，不敢進入室內。

亡靈共有三位，看他們的面相、穿著，應該是中國人，身分可能是類似囚犯。

我接著問他：「公司新大樓位於上海何處？」

他大概形容了一下後，菩薩跟我說：「這棟大樓的位置以前是一片曬穀場，旁邊是穀倉，不過在日本人入侵中國後，日本人將原本的農地當成拘押犯人的集中營，殘害很多的中國人，並隨意挖坑，葬在附近的土地上；二戰結束後，又爆發國共內戰，共產黨統治中國後，中共政權在上海殺害許多反革命份子，大多也埋在那邊。

在那裡往生的人太多了，而且根本就沒有超渡處理，久而久之，他們成為孤魂野鬼，造成當今的事件。所以你有需要跑一趟上海幫他們處理。」

我先幫他淨化身體的氣場，並且幫忙超渡隨同他來的亡靈，然後跟這位企業家好友約好，我利用三天時間到上海，幫他處理好全部事情。他聽完後，決定專程留下來，陪我一同搭飛機到上海，相當有誠意。

我們搭乘早班的飛機，經一個半小時後到達上海的虹橋機場。他們公司有專車，先將我們接送到飯店，放下行李，我們接著去現地勘查。

從台灣搭機到上海虹橋機場的一路上都是萬里晴空，但是搭車到他公司的大樓時，天氣驟變，雲開始濃厚起來，而且突然刮起了海風，能感覺空氣變冷。我們停好車子，坐電梯上21樓，電梯在途中突然有不正常的輕微晃動，氣氛相當詭異。

我沒有做任何反應或開口，進入辦公室後，我請朋友帶我參觀公司，結束後，我們在會客廳坐下來，他開始把這段期間發生的事情詳細跟我說。

這時，我突然隱約聞到一股屍臭味，我轉頭觀察四周，並沒有發覺有什麼異狀，不過有一尊關聖帝君的木雕神像放在一張木桌檯上。

我起身走向神像，繞了一圈，聞了一下，那股屍臭味道的確是從神像身上散發出來的。這尊神像已經被很多的亡靈佔據了，所以才會充滿了亡靈身上的味道。

朋友問：「怎麼了嗎？」

我把實情告訴他。

他楞住了，然後跟我說：「我有個以前在越南做生意的朋友，這尊神像是從他那裡買來的。」

「重點不是從哪裡買來的，而是亡靈入侵神像的原因。」

接著，我們去朋友的辦公室，室內有一組很體面的手工木雕主桌椅及客座桌椅，旁邊刻有龍的裝飾，精緻又華麗。但我覺得看起來怪怪的，再仔細看一下，發現這些龍和一般的雕龍不太一樣。

正常的龍角是呈現珊瑚狀的，但是桌椅上雕出來的龍角形態卻是像倒牛角形。珊瑚狀的龍才是修成正果的龍，倒牛角形者稱為蛟或是蟒。

我大致上了解公司的問題後，請朋友查一下這棟大樓土地的使用歷程，有必要的話要透過關係來查，再請隔天把查證的情形跟我說，並且準備法會所需的東西。

勘查結束後，我們返回旅館，前去吃午餐，然後回到旅館。準備隔天所需物品。最後在房內的客廳靜坐，把早上現場看到的情形向菩薩回報。

針對我的看法，菩薩確認是正確的，神像及辦公室桌椅都遭到外靈的入侵，要我明天在現場召靈，集合現地所有的亡靈，聽取並尊重他們自己的意願，再來決定接下來的做法。如果有必要，就接著辦超渡法會，引渡所有無依的游魂全數投胎，接下來再淨化神像及桌椅。

靜坐後，我洗了個澡，然後下樓到飯店餐廳。那是一家五星級的飯店，所以有多國美食可享用，飲食相當精彩。

第二天，天空恢復到萬里無雲的好天氣。早上八點，我搭上公司的專車直接到公司，不到一個小時車程就到了。企業家友人拿出資料，證實這片地以前確實是農用穀倉及曬穀場，印證了菩薩的提示。

我設好法壇，點上九柱清香，召請所有相關的菩薩到場協助，接著召請亡靈。此時，天氣又突然變陰冷，這時才發覺現場早已經擠滿了亡靈。

我無法正確算出到底有多少亡靈，菩薩也沒跟我說數目，只確定亡靈幾乎擠滿了整棟35層的大樓。我請他們派出十名代表參與協調。

看到他們的外表，已經讓我心中異常難過，我偷偷拭去淚水。中國人歷經日本人的殘害，好不容易忍辱偷生八年活了下來，卻又遭受自己同胞的共產政權迫害七、八十年，一次比一次更糟更不幸！天若有情，應該還給這些無辜善良、一無所有的眾生一個天理公道。

我代表菩薩，向在現場所有受到傷害的眾生們致上不忍、不捨及歉意，並問亡靈代表：「你們是否願意投胎轉世？」

這時，其中一位代表主動站起來，對著菩薩及我說：

「我們以前還活著時，我們的國家正遭到日本的侵略及殘害。抗日戰爭勝利後，我們又面臨了中國人自己的內戰，人民相互殘殺。大陸淪陷了，國民政府退據台灣，於是我們迫不得已接受了共產黨的統治，讓我們繼續受害了八十年。

現在，全世界大部分都處於動盪不安，很少有平安無災的地方。菩薩要幫助我們投胎轉世，那麼，我們該投胎到哪裡？當哪裡的中國人？如果又碰到外國人的侵略，又該怎麼辦？

與其如此，我們投不投胎又有什麼分別呢？做人？做鬼？亦或是做畜生？不是都一樣過得辛苦嗎？請問菩薩，我們該如何選擇？」

我楞住了。回過神後，我想了一會，才告訴這位代表：

「不論是哪個國家、哪一種人，或在哪裡，只要是人就會產生人性，有人性就會產生自性業——貪、瞋、癡、慢、疑。這些現象就是造成今天所有災難罪孽的源頭。

人性原本應該是追求正本清源、正確智慧的生活，但因為我們自己的無明無知、貪婪無度、無智無謀、自以為是，造成今天的局面。其實我們每個人都有一份責任和義務，沒有一個人可以置身於事外，投胎轉世，重新來過，只是菩薩慈悲，再次給我們一個機會改正錯誤，記取以前的教訓、不再重蹈覆轍。

希望大家都能夠珍惜得之不易的機會，好好覺悟才是！」

這段話開始發酵，十位代表亡靈和在場其他所有亡靈紛紛跪下，向現場的24位菩薩懺悔認錯。

這時，菩薩要我明天下午三點準備超渡法會，超渡今天在現場悟道的一萬兩千位亡靈朋友。菩薩要這些亡靈朋友先回去準備，明天準時到達。

此刻，大廳突然一空，只剩下菩薩、我、企業家友人及兩位幫忙的員工。

我拿出法筆，在神像、辦公桌椅、客座椅上面的木雕龍結上封印結界，不再讓亡靈侵入，接著幫公司全部的空間以奇門遁甲結上金剛守護界，這樣就不用擔心類似事件再度發生。

我交代朋友明天下午需要準備的東西之後，我們一起返回旅館，一同吃午餐。接著我回住房，再次請示菩薩有關明天法會的舉行方式。

中國嚴格禁止宗教性質活動，尤其上海、北京更是嚴厲。菩薩知道狀況，所以要我用「超越離境」的特別法門，把法會現場帶離到三不管地帶舉行，所有的法船、人員、受渡亡靈全部在指定的地點就位，十分鐘內完成超渡法會。

請示完畢後，我開始淨身並禪坐入定，一直到第二天下午三點法會結束後為止。在這段時間，我的身體在旅館，但其實在隔天下午三點時，我的魂魄早已離體，陪同菩薩在指定的地方超渡這一萬兩千位亡靈。

法會結束後，我的魂魄又會重新回到自己的身體，才能重新醒過來，也才可以進食，那是下午三點二十分左右。

起床時，朋友已經請飯店代訂簡單的熱稀飯和豆漿，讓我醒個胃，並約好晚上六點鐘，他和公司的重要成員會跟我一起用餐。

也許是一次超渡太多的亡靈，感覺有點虛弱，我喝了一杯溫開水後，不自覺又睡著了。再次醒來時，我看了一下時間，是傍晚五點半。我換上衣服，出門乘電梯下樓，到大廳剛剛好六點整。

我坐上他們的車，一路奔馳到預訂好的米其林粵菜餐廳。當晚菜色中有一道菜燒黃魚，用的是野生一斤半的黃魚，聽說就要台幣一萬多塊錢，三隻頂級的陽澄湖大閘蟹就要台幣六千元，一瓶特級茅台酒大約是五萬台幣，我聽得都楞住了。

我知道這是朋友的心意，但是覺得有些太豐盛了。不過，這些菜真可謂貨真價實，只是傷荷包。唯一遺憾的是我身為修行者並不沾酒，因此沒機會品嚐特級貴州茅台酒。

三個小時餐會結束後，我感謝他們的盛情招待，和他們告辭，也讓他們見證了台灣奇特靈異的法門奧妙。

第三天早上，我早上八點就搭專車到虹橋機場，搭乘十點回台灣的班機。班機起飛後，心中的壓力全部放下來了。菩薩對我的考驗一次比一次更困難，我只有全力以赴，用心完成。

不過，比起困難，讓我更印象深刻的是那一位亡靈代表所說的話。當今混亂的世界，使人們不知該如何選擇。我們所能做的，是盡自己的心力，讓世界更好。一個人可以做一個人能做的事，或許我能做的，就是洗滌更多人的心，讓大家都往更好的方向前進。

新建大樓過不了驗收，原來是拆屋者意外身亡後的詛咒

這次的故事發生在新竹，有一棟新建的國營事業大樓，座落在新竹的鬧區。大樓施工期間，有一位員工意外喪生，結果當工程相繼完工後，施工廠商向發包單位申請驗收，卻發生靈異事件，阻礙了後續所有工程驗收進度。主要承包商透過各種途徑求助，但是仍然沒有辦法解決問題。最後，老闆專程找一位認識我的朋友，一同來拜訪我。

我了解一下老闆今年的運勢與工地的地址後，發覺工地似乎有很重的怨氣。我請他去請求菩薩予許，再安排時間到新竹現地勘查。

他回到新竹後，去求頗負盛名的城隍爺，求了足足一小時才獲得城隍爺的應允。他打電話給我，向我確認相關事項後，請我安排時間北上勘查工地。

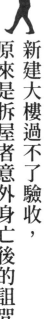

三天後，我在早上九點半左右到工地現場，一旁是老闆及工程相關單位人員。我才站在工地門口，就感覺到那股強烈的怨氣。那股怨氣引導我到一個通道口，他說：「我就是在這個位置往生的。」

我問：「當時碰到什麼狀況？」

這時，工人亡靈才現出自己出事時的模樣，我嚇了一跳，竟然半邊的臉龐都被削掉了！

他說：「這裡還沒有興建前，是一些舊房舍，所以必須預先拆除。我就是在拆除工程作業時，遭遇鋼板掉落，把半邊的臉頰都給削掉了。因為傷勢嚴重，我當場就喪失了生命。但事情發生後，分包契約的雇主用很敷衍的方式草草辦理我的喪事，而且案發現場也完全沒有做引魂超渡的儀式，甚至理賠金額也被一再壓減，還藉故拖延分次理賠。

我們家中的經濟原本就很拮据，只剩年邁體弱的父親及生病的姊姊，他們完全沒有任何經濟能力，我出事後，他們未來只能夠靠著這筆理賠金過活。雇主這樣的行為讓我非常憤怒，所以我決定報復，絕對不會讓這棟大樓完成通過驗收！」

這時，聽聞我要處理此事而前來的地頭的土地公、地基主（地靈公）也證實：「他說的是真的。」

我向亡靈說：「請放心，我會幫你討回公道。」勘查完後，我請老闆找個適合的地點，帶著相關單位主管及人員，再告訴他們結果。

他們很快找了一間廠商的辦公室，相關人員全部參加。老闆一一介紹後，我才了解這個工程是統包工程後再分包施工的，所以每個階段的統包者無法得知工程進行的實際情況。

我直接問第一階段負責拆除工程的包商，有關那場意外及後續的事情。或許是因為我第一個問題就針對他來，他看來有些心虛，提出他那邊的說法。其他廠商也紛紛交頭接耳討論，驚訝為什麼我知道這麼多。

我耐心聽完拆除包商的說法後，提出我這邊的問題：

「第一，這件事明明是公安意外，為什麼你們還要謊稱是員工個人疏忽，降低自己的責任？

第二，那位員工在現場往生後，他的往生實際上屬於因公死亡的條件，為什麼你們沒有按照傳統習俗招魂引靈，反而潦草馬虎地辦他的喪事？

第三、明明他的往生是公安事故，照理應該以規定的最高標準支付賠償，為什麼你們還要刻意壓低賠償金額，並且還分批故意拖延支付賠償金？公安事故的賠償支付，明明都有標準的規定，而且應該是一次給付。你們明明知道員工家境困頓，已經很弱勢了，為什麼還要這樣刁難他的家人？」

我愈講，廠商的頭愈低下。我最後才轉達菩薩對這件事的關心與指示：「菩薩說，有關這件事，該給亡者的錢一分都不可以少，該對他做的法事也不可以少！如果你們執意妄為，不肯改過，那麼這件事情就完全交給天理來處理！」

統包工程的大老闆看向拆除工程的包商，問：「那現在要怎麼辦？」

所有人全部都看著拆除包商。他沒有回應。

統包老闆說：「你公司的所有貨款全部暫時凍結，我會請財務主管查清楚賠償應有的金額是多少錢，全部都扣除後，再把餘款撥給你，而且我也會取消公司以後和你任何的合作關係。」

拆除包商點頭，默默接受這個決定，但還是看向統包老闆：「能不能再給我一個機會？」

統包老闆看了我一下，我用點頭回應。

統包老闆說：「藉由這次的事情，我想再次提醒所有配合的包商，大家要以這次的事件為借鏡，不要再犯。員工本來就是公司最大的資源，原本就該愛惜保護珍惜。」

接著，我跟統包老闆約好時間，在事發地點辦超渡法會來正式化解。

此時，往生亡靈走到我的身邊，向我道謝。

我使了眼色，要他謝謝在場的菩薩，他誠心跪在地上，向祂們行了三個叩首禮，離開了辦公室。

接著我向統包老闆告辭，也推辭了聚餐的邀請，自己去新竹城隍廟，放心享受在地美食，然後返回台中。

一週後，我在事發的大樓內辦了一場法會。

我特別要求拆除包商老闆一定要到場陪祭，他不僅來了，承認自己的錯誤，也展現很好的誠意，所以就沒有再追究他的責任，這件事圓滿結束。

這件事情原本已經是悲劇，分包廠商還如此貪婪，覬覦自己員工的理賠金，完全剝奪原本就屬於亡者的權利，甚至完全吞噬掉亡者經歷痛苦、留給無助親人的最後依靠。

貪婪的人性只會造成仇恨的連鎖，如果不是老天有眼，加上包商的懺悔，這件事恐怕還會引發後續的悲劇。這樣的事情什麼時候才能停止呢？

老弱住民被燒死，還被栽贓自己放火，地藏菩薩怒給黑令旗

這件事發生在嘉義縣一處政府興建的社區，興建戶數超過１２００戶。當工程陸續完工後，社區開始有住戶入住，並請裝潢業者進駐施工。因為社區住戶數量龐大，所以有許多戶都在裝潢施工。

一開始申請入內施工的工班就已經發生許多施工意外。原本大家以為這只是個別案例，但是當事故愈來愈多後，社區管理部門便開始注意到。他們展開調查，才發現這個不尋常的現象。

但發現是一回事，他們找不出原因，請雲嘉南地區的宮廟協助，大家也束手無策，但意外事故依舊不斷，開始引發住戶的恐慌。

於是，社區總幹事透過友人的介紹，請我去幫忙了解處理。

第一次去現地勘查時，我開車走國道三號，在嘉義下交流道。

當車子接近社區時，我突然莫名感到頭痛，且突然看見靈界的朋友四處亂竄。

我把車子停靠路邊，熄掉引擎，靜靜觀察眼前現象。這些亡靈是從別處呼應，一同往新社區的方向聚集，而且愈聚愈多，不知道是什麼原因。

我在車上召請了地頭的土地公，請祂跟我說情況。

祂說：「這裡的亡靈是由當初住在舊社區的住戶引來的。當時原本的社區突然遭人惡意縱火，導致九位居民葬身火海，荒廢後的舊社區不斷傳出鬧鬼事件，附近很多居民都有遭遇過，所以大家都盡可能遠離或繞路避開。

很多年後，這裡由政府規劃，改建成集合社區。其實，從開始施工到完工為止，這裡依舊工安意外、傷亡不斷。但由於沒有正確處理，所以亡靈愈聚愈多、呼朋引伴，讓這裡變成靈界的爆雷區。

其實在以前，這裡的居民就陸續請過很多人士來處理，但是他們不是落荒而逃，就是傷重送醫，於是『惡鬼荒地』的名聲不徑而走！其實，這些人當初家裡被惡意縱火，還被放話是自導自演所造成的悲劇，他們不過就是要討回自己的公道，找出原兇，還給自己清白而已。」

聽完後，我也開車到了社區處。我請土地公也一起陪同，下車會見社區總幹事。他把前述的社區工安情況向我說明後，帶我參觀社區。巧合的是，我在這裡碰到了熟識的友人，他是受委託來此地裝潢施工的。友人知道我這趟前來，一定也是要了解社區的情況，說：「我到這裡施工，已經發生三次的工安意外，這是我從來沒碰過的情況。希望你能夠幫助這個社區真正化解危機，也保障所有住在這裡的人都能夠平安。」

我們回到總幹事的辦公室，我問：「聽說這裡當初發生火災，能夠跟我說事情的經過嗎？」

總幹事說：「這件事有很多疑點，讓鑑識人員無法正確找出原因，而且盛傳是有一間住戶不滿遭到強徵，假戲真做，引發火災，波及到另外三戶鄰居一同葬身火海，但是因為沒有正確的鑑識報告，誰也無法妄下斷言。」

看來，整件事情的導火線，是受害亡靈怨氣難消，所以招引更多的亡靈前來聲援支持。雖然經過了這麼多年，但是整件事從來沒有圓滿解決過。

我跟總幹事說：「請你協調一下，告知居民，這裡需要辦一場大型的超渡法會。法會有兩個目的，一是請菩薩下令查明事件真相，以昭公信；二是將社區原本的亡靈，以及受他們召喚前來支援的亡靈遊魂全數超渡回地府，依律處置。」

總幹事回答：「了解，但希望你能給我時間，我跟居民溝通達成共識，再約定處理的時間與方式。」

兩週後，我接到總幹事的電話，他確認社區的共識是這件事需要處理，於是我告知他們日期、處理方式、準備物品等事項。為了法會可以順利完成，我也決定辦事的三天前要沐浴齋戒三日。

齋戒三天期間，菩薩鉅細靡遺地提醒處理時應該注意的事情，法會當日，我們也會調請當地城隍所屬的護法兵將營負責現場維安，倘若有騷亂事件，立即逮捕收押離場！且請地頭及轄區銜接處的土地公到場協助。

到了法會當天，菩薩陪同我南下到現場，車上除了我，還有兩位弟子。

菩薩問：「這次場面很大，怨氣很強烈，不太容易處理，你會不會擔心？」

我一邊開車一邊回應：「這麼多年以來，我陪同您南征北往，幾乎什麼樣的情況都遭遇過，只要我們秉持公平正義，以人溺己溺的精神來幫助他們找出真相，並且真心誠意相助，應該都可以克服。我有信心，所以不會擔心。」

菩薩拍拍我的肩膀，沒有再說什麼。

一小時二十分鐘後，我們到達了社區，他們都已經準備完成了。

我帶著兩位弟子下車，安設好法會需用到的法器物品，在法壇點燃三十六柱香，上稟天地，我們擇良辰吉日，為天下受苦蒼生化解冤情，還予公道，召請受害亡靈親赴現場坦述冤情。

天氣驟變，開始降下小雨，現身的亡靈共有九位，由一位拄拐杖、白髮蒼蒼的老爺爺帶領他們到法壇前。

他們的原本的身體實態早已被烈焰燒得慘不忍睹，根本無法辨識，我可以深深感受到他們這些年所受到的冤屈和家破人亡的痛苦。基於尊重，菩薩幫助他們恢復原本的樣子，我請他們坐下來，確認其他亡靈的身分。

老爺爺一家除了他，還有他的太太及兩名年紀很小的孫子女。另一家是久病的鄰居夫妻，由一位患有輕度弱智的女兒照顧。還有一家是高齡眼盲的老太太，由一位十幾歲的孫子攙扶。

我問老爺爺：「有幾個問題需請教你們，請問你們九位都是喪生於之前的這場火災嗎？另外，有傳聞說這場火災有可能是你們自導自演所引起的，因為你們不願意接受政府為你們改建所提出的條件，其他兩戶的鄰居是被波及的受害人，事實是什麼？」

老爺爺回答：

「我和另外兩戶人家都是老鄰居了，因為我們三戶人家的身體狀況都很差，家中的經濟情況也不好，政府要求我們搬遷，又沒有協助安頓我們臨時居住的地方，還沒有搬遷安置的補助方案，我們三戶生活窮困的家庭根本就無力搬遷，還不如留住原地，反正也活不了多久。

但是，他們派來協調的人員根本不聽我們的真實情況和我們真心的請求，只想趕快把我們全部趕出去，盡快發包興建獲得利益，連我們這麼卑微的請求協助也都充耳不聞，就直接上報長官，扣我們帽子，說我們要強制索取額外補償才肯搬離，所以後來政府也故意不再跟我們協調。

他們想盡辦法設計出一些恐嚇手段，有放火、放劇毒的蛇、蜈蚣，各種稀奇古怪的下三濫手段，逼迫我們這些弱勢的老人小孩離開。我們為了防範放火，每戶人家都準備了水桶及滅火器，但是最後還是被他們得逞，害得我們三戶共九個人被他們有計畫的縱火下全部身亡！請問菩薩，天理、正義、公道何在？他們還把縱火的罪名扣在我們自己身上，連消防專業人員也一起遭到收買，隱瞞證據嫁禍於我們！」

菩薩們與我都感覺相當不忍，情緒快要爆發。

這時，地藏菩薩起身，走向九位受害人，說：「你們所有受到的冤屈，一定會還給你們公道，由這世開始，地府會主動接手，追究相關涉案人員責任！因為你們已經受害身亡，所以特別頒發地府閻王令給你們，讓你們生生世世均可追償所有涉案者，包含縱火者、教唆者、參與者，直到他們伏法！我們也會通令三界，當涉案罪犯伏法到案後，打入阿鼻地獄，永世不得脫離！」

地府閻王令俗稱黑令旗，這是我第一次看到地藏菩薩為受害的眾生震怒。

這時，面對一旁上千位支持受害者的亡靈、遊魂們，地藏菩薩說：「五分鐘之後，將會有六艘法船來帶大家回到地府安置。」然後祂話鋒一轉，說：「但如果有受到冤情、迫害情事，現在均可向在場的土地公處稟明緣由，留下資料，由地府全權代為追查責任。」

祂面對所有在場人士，說：「天有天理，地有地律，人有道理，這法則標準永遠不會改變。善有善報、惡有惡報，不是不報，而是累積來報。行惡之人絕對沒有僥倖脫罪的空間，足應受世人所唾棄；行善之人的善行也必會被公諸於世，受人景仰！」

此時法船到了，護法的兵將分別引導1273位亡者登上法船，由地藏菩薩帶領返回地府！

我恭送所有參與的菩薩離開後，看著總幹事及參加法會的社區居民，大家滿臉驚訝。我沒有再多說什麼，就向他們辭行，返回台中。

開車時，我覺得五味雜陳。這些善良弱勢眾生受到冤屈被殺害，令人悲傷；而這些奸商貪婪無度，公僕還助紂為虐、濫用公權力迫害無辜人民，實在可恨。

人性最惡之處，實在就是自性業：貪、瞋、癡、慢、疑。我們必須時刻修行，心中有佛，並好好詢問自己：我們到底要的是什麼。

改建祖宅後看見清代幽靈，原是望族花園的幽魂

這故事發生在望族的家族花園後山，當地人俗稱後花園。

我有一位朋友家的後院緊臨著後花園，因為孩子外出謀生，所以家中剩下夫婦相偕生活，一直以來都相安無事。後來孩子們陸續成家生子，開始返回祖厝，住在家裡的人愈來愈多，便開始整修擴建祖厝。

等祖厝擴建裝潢完成，家人入住後，就開始發生詭異的事情。

一開始，家裡經常會感覺到好像有人會移動廚房或客廳裡的東西，並發出聲響。然後廚房旁的圍牆在晚上沒人在的時候，會感覺有人從牆壁裡走出來，但卻又什麼都看不到，只有隱約聽到微弱的腳步聲。

那面圍牆緊臨後花園，他家原本和望族家後院之間尚留有一道界址空間。祖厝增建後，鄰接空間就完全蓋滿，所以圍牆直接變成界址了。

接著，家裡的其他房間及客廳也會出現一些人們相互交談的說話聲，但距離他們家最近的鄰居遠在一百五十公尺外，所以基本上聽不到的人的講話聲，而望族家後院只有茂密的樹林而已，房舍更遠在五百公尺以外。

直到有一天傍晚，友人的太太回家準備要去廚房燒飯，突然清楚看見廚房裡面有一名穿著清代服裝的女性，站在洗手台前，背向通道，凝視後院。她想再確認自己是否眼花，結果那名女性就憑空消失了。眼前的情況讓她極度震驚，衝到客廳告訴剛剛進家門的先生。

他看到妻子受到驚嚇的表情，大吃一驚，立即陪她到廚房仔細尋找，甚至打開後門，但什麼都沒有看到。他們隱約覺得望族家後院的樹林內，真有一股令人感到陰冷、恐懼的氛圍隱藏在黑暗之中，觀察他們家的一舉一動，使他們突然由腳底升起一股寒意，直竄腦門。

於是，他們夫妻商量後，邀請我到他們家了解到底出了什麼問題。

三天後，我來到了他們家。

我僅僅在門外就感覺氣氛不對。我進入房內，從三樓由上而下逐層逐間勘查，最後走到廚房，停在新完成的圍牆邊，再透過窗戶，看到「後花園」的樹林。

這時，我看到有一群亡靈躲在樹叢裡，不敢露面。

菩薩在我耳邊說：「他們是服侍望族家一位媳婦的丫鬟，以及一些往生在他們家的親人。他們有些怨念卻無處可申冤，其中有他們家的女兒與媳婦想不開，服毒或上吊，還有丫鬟殉主！我們必須要幫助他們，才能解決這家人的問題，也可以讓亡者放下，重新來過。」

我向菩薩點了頭，轉身回到客廳，把剛才看到的景象及菩薩的指示告訴他們夫妻。

百年前，望族家族娶媳婦入門。媳婦娘家在台中也是富裕的大家族，嫁過來時，娘家陪嫁了兩名丫鬟照顧女兒。由於是媒妁之言促成的婚姻，所以兩個家族在背景環境及生活習慣上有極大差異。但媳婦在家中受到父母親的寵愛，無法預先了解，適應環境，造成後來親人間感情的隱憂。媳婦夫妻、媳婦與公婆及家族間的裂痕不斷擴大。當她生下第一個孩子後，她提出離婚，卻遭到丈夫、公婆的反對，包括娘家的父母也不認同。

她眼看人生無望，自己又痛苦萬分，找不到人傾訴，於是選擇放棄人生，在後花園樹林裡上吊自盡，因為兩名丫鬟發現主人不見，四處尋找，終於在樹林內找到了已經氣絕身亡的女主人，但是已經來不及了。兩名丫鬟害怕受到男主人及家人的責難，一人割腕、一人服毒，相繼自殺身亡，且都選擇在女主人上吊的同個位置。

事件發生後，望族家害怕消息走漏影響家譽，便封鎖消息。沒想到事隔二十年後，望族家的一位女兒也因為出嫁後婚姻不幸而回到娘家，一時想不開，於是也選擇在後花園的樹林裡上吊自殺。

後來，望族家就把後花園圍起來，不讓他人出入，但是在此往生的亡者帶著怨念，招引很多情況相同又無法投胎的亡靈，形成一個「亡靈的異度空間」。當住在隔壁的友人擴建祖厝時，他們在不知情的狀況下打開並連結了這個空間，所以亡靈們就可以透過開啟的通道，自由進出他們的家。

有效結束這一切的最好方法就是超渡這些亡靈，讓他們放下怨念、回歸其所，然後破除這個亡靈異度空間，讓它不會再影響人們尋短，最後再幫友人祖厝做安鎮防護，阻絕亡靈接近。

夫妻聽完後，終於了解事情的來龍去脈，我們便選擇一個好日子，準備後續事宜。

來到選定的日子，我們準備好祭祀的東西，早上十點鐘準時開辦法會。天氣預報說當天應該是風和日麗的日子，但法會開始後，竟突然刮起風，飄下毛毛細雨。我知道，這是這群亡者解除百年怨念，放下心中罣礙的時刻。

菩薩就定位後，地府將軍們引領這些亡靈來到法會的現場。最後一位亡靈進來後，我計算一下，總共有三十七位，明明當年往生者僅僅三位，到百年後的今天竟然聚集這麼多自殺身故的亡靈，不可思議，又令人惋惜難過。

我代表菩薩告知他們：「各位，你們每個人自己所做的錯誤決定，造成自己遊蕩人間多年，無所依靠。此刻，菩薩願以慈悲為懷的心念，協助你們三十七位每人都有一個自新的機會，期望你們能夠深刻牢記，隨時提醒自己永遠不要再犯。」

現場讀誦佛經，敲木魚和銅缽，聲音交互重疊，穿透現場每個人與亡靈。我看見每位亡靈的眼眶都泛出淚光，沾溼了他們胸前的衣襟。他們一同跪下，向在場的菩薩行最有敬意的大禮，這種感覺令人感動不已，久久無法釋懷。

法會結束後，菩薩目送他們離去，現場原本的氛圍也逐漸淡離。我和好友夫妻恭送菩薩離開，這時，我發現戶外已經恢復回正常的好天氣，法會剛開始時的細雨已經停下，只剩地上的雨跡見證。

接下來，我幫陽宅處理結界護持，並打散了靈異空間，回復了它原本自然的面目。

原本好友夫妻想請我吃飯，不過我沒有留下，而是慢慢開車回到台中市區。我開在公路上，看到兩旁的樹林，想到樹林內的亡靈們。面對自身的生命，螻蟻尚知苟生而活，但人在一念之間所做的決定，卻足以完全斷絕未來生生世世再成為人的所有機會。

雖然生命有時艱困，但希望大家都能以智慧與體悟度過一切難關，珍惜自己的生命。

東協廣場鬧鬼記

這次的故事發生在台中市中區的第一商業廣場，也就是現在的東協廣場。多年來，這裡也是外籍移工的休閒聚集地。我有一位朋友東協廣場內開設兩家卡拉ＯＫ店，最近店內頻繁發生靈異事件。

比如店家打烊後，店內竟然還是有人談話或清楚的腳步聲。而當員工晚上住在店內宿舍時，突然會被一股莫名的力量從宿舍內拉到店裡的大廳；還有人午間休息時躺在長沙發椅上，被看不到的力量拉下椅子；或者去化妝室時，竟然被強大的力量反鎖在裡面，完全打不開門。

此外，廚房、倉庫、玻璃冷藏櫃內的飲料和食材經常莫名遺失。甚至店裡的物品與椅子有時會飄浮移動！

這三個月內，這兩間卡拉ＯＫ店陸續發生這些事情，嚴重到員工主動辭職。他之前雖然陸續請好幾位著名宮廟的法師前來處理，但是最後還是沒有效果，店家面臨關門的命運。他只好打電話給我求助。

我請他先去城隍廟，求城隍爺給三個聖筊後再來找我。一週後，我接到他的電話，他已經求到城隍爺賜予三個聖筊首肯。我向他確認他求筊的廟宇，並回覆他說，等我確認完畢後，會再回電給他。我請示菩薩，確認無誤後，便回電跟他約時間，最後敲定兩天後到店裡去勘查。

約好日子的那天，我前往大樓，老闆在樓下的大廳等候。碰面後，他很快引領我到店裡。

我簡單看過兩家店的情況，然後挑比較大的那間，找了個適當的位置坐下，開始召請店裡的地基主和地靈公。奇怪的是，經過十分鐘，沒有任何神明回應我的召請。

這時，菩薩到我的旁邊，跟我說：「地基主及地靈公已經被佔據在這裡的眾多亡靈給趕跑了！」

經菩薩提點，我決定換個策略，請朋友立即準備一桌酒菜、香、紙，然後焚香召請佔據這裡的亡靈。

隨著敬香慢慢燃燒，可以清楚看到大廳聚集了愈來愈多的亡靈，初步看起來超過200位來到現場。

這時，有三位亡靈進來，引起了我的注意，我的直覺跟我說，他們三個就是掌控這層地盤的領導，其中一位的位階應該是鬼王的階層。當下，我並沒有打草驚蛇，而是以平和、有誠意的態度，運用超感應力和鬼王溝通。不過，我的態度並沒有獲得良好的回應，他們的態度有些趾高氣昂、目中無人。

不過這次菩薩沒有出面，而是特別請來了管轄這地區的城隍爺到現場，他們的氣焰才稍有收斂，口氣比較好一點。

這時我問領頭的鬼王：「你們到這裡多久了？是什麼原因讓你們留下來，不去地府報到，投脫轉世？你們聚在這裡的總共有多少人？」

鬼王回答：「我從很以前就住在這條河上。」他指的是東協旁邊的綠川。「那時，我住在河邊的一棵老榕樹底下，後來因為興建了第一傳統市場，破壞了我原本所居住的地方，所以就遷到市場裡面的冷凍庫。後來，市場又改建成為商業廣場，我才又搬到現在的位置。

這裡有可以提供生活所需的食物供應鍊及住所，還有很多沒有地方可以去的亡靈前來投靠，願意幫我做事。目前在我管理下的亡靈有近千人左右。

我不相信神佛、菩薩、地府，所以也不會考慮到地府去報到或投胎轉世。在這裡，我就是王，所有在這裡的亡靈都必須聽從我的命令才可以留下來、活下去，所以我根本沒有必要去想那些沒意義的事情！」

我又問他：「你應該知道，在六道輪迴裡，生命都有一定的極限，逾越了就有魂飛魄散的危機。目前你的情況並無法保證你未來依舊能夠長久不變，如果你的勢力過大，影響了凡間的秩序，天地之間主管的菩薩就有可能會依律收服你。而且，也許有天又來了一位能力比你更強的競爭對手，你不怕隨時都有可能被取代？」

他沒有回應，而是選擇沉默。

我又問：「當初是什麼原因，讓你放棄投胎轉世的念頭？其實一直以來，你始終都處在一個不確定又不安的現況，如果可以讓你重新思考選擇，我相信你應該會再次做不同的決定？」

此時，他終於回應了，講起了自己的過去。

我曾經擁有過一個美滿的家庭，育養了兩個孩子，過著幸福快樂的日子。雖然家境不是很富裕，但內心卻很富足。

有一天，我去市集銷售農作物時，看見一位外地來的單身男子被四位本地人圍毆，情況淒慘，所以出手相助幫助他化解。他說起自己的際遇，令人同情，於是我暫時收留他，請他協助我耕作、畜養牲畜，暫時寄宿在糧倉旁的小屋裡。

有一次，我將已經養大的家畜趕到市集去販售，獲得了一筆不少的現金，回到家中把錢安放在妥善的地方保存，然後過沒多久，我必須去鄰村訂購飼料，所以自己一個人前往。那天，我在將近中午時分回到家，卻在家門口前看見我家的房舍都已經被火海覆蓋，火勢撲滅後，也確認妻兒都葬身火海。

根據前來幫忙的鄰居所說，他們目睹我收留的男子背著兩袋包袱，其中一袋就是我安放現金的袋子，倉惶逃離了現場。

在那之後，我萬念俱灰，安葬完家人後，我無法原諒自己，所以也在他們墓前自盡。

我告訴自己，生生世世做鬼都無法原諒這個忘恩負義的人！

鬼王的故事令我相當感慨。我能做的，只有協助他放下這一切。

我告訴他：「天有不測風雲，人有旦夕禍福，任何人都可能會碰到災厄，這取決於命運。但之後的喜怒哀樂取決於你，懂得原諒、選擇釋懷，其實可以讓我們人生產生正面的改變，而這種改變可以讓我們在失去珍貴事物的同時，仍能得到心靈上的平衡撫慰，以及更有益於自己的體悟。

當時你所發生的不幸讓你無法忘懷，那樣的痛苦深深地烙印在心靈深處。但，即使今天你報了仇，你也無法挽回所失去的一切，而這份痛苦依然會存在你的心中，不會消失。因為你沒有真的放下。如果你失去的親人在天之靈知道你目前的困境，相信他們也會為你難過得流下眼淚！」

他眼中不自覺滿溢著淚水，緩緩流下，他保持沉默，沒有說話。

我繼續說：「趁我們還沒有鑄下無法彌補的大錯之前，趕快停下來，求菩薩伸出援手，幫助我們化解，說不定會有不可思議的結果，好嗎？」

他點了頭。

菩薩出現在他的眼前，他立刻跪下來，向菩薩認錯懺悔。

菩薩上前扶起他，要他配合把所有的手下引領到地府，全數安置，上天會重新給他一個機會。

一週後，我挑了一間大一點的場地，舉辦了一場超渡法會，總共引渡998位亡靈，加上第999位，也就是鬼王，一起渡回地府。

後記

有句話說：佛渡有緣人。其實這句話主要意思是，我們若是想要幫忙別人，必須要看清楚、想清楚、時機對了，才能夠出手幫忙。人必須懂得先保護自己，才有能力幫助別人，但不要幫錯人，才不會產生後遺症傷害到我們自己！

此外，人性的自性業對我們影響深遠且嚴重。人往生投胎時，依然會沿用原本三魂七魄中的三魂六魄，只有其中一魄不會隨我們轉世，而是更換新的一魄。既然新的一生沿用原本的魂魄，那麼記憶、習慣、特質自然也會在來生的日常中展現，自性業也同樣如此。

要破除人性自性業的貪、瞋、癡、慢、疑，唯有不斷自我提醒、自我改進，才能化解。

二、現世報

撞死年輕果農的鄰居被果園鐵絲割喉

這次要講的故事是關於一位不到四十歲的年輕人，他住在台中市的後花園「新社」，這裡也是台中市的花都，是花海勝地。

他家是種植水果的專業果農，他是家中長子，也接手了父親的工作，幫忙父母親打理家中的果園。他們家所種植的水果，最為人津津樂道的有水梨、柑橘、桃子，都鮮甜多汁、美味可口。

他結婚後，和太太生了兩位女兒，家庭生活幸福與美滿。但有一天，厄運降臨了。

那天，他騎機車從果園返家，突然被一台高速行駛的貨車撞上，造成傷重不治。貨車駕駛是鄰居家的兒子。當事件爆發後，鄰居置幾十年的厝邊交情於不顧，作偽證掩飾自己的肇事及賠償責任，連去府上香致意都沒有！

亡者家中的人只記得，鄰居就丟一句話：「要賠償就法院見！」亡者的兩位女兒年紀都不大，大女兒才四歲、小的甫滿週歲。父親去世後，大女兒性情大變，很吵鬧也很不聽話，不管如何哄騙都沒有用。因為他們家從來沒有見過這種情形，所以才透過朋友介紹，希望我能夠幫忙。

我第一次到他們家時，一看到大女兒，就強烈感受到是孩子的父親附身喊冤，藉孩子來表達心中的怒氣和不滿！

在祖父母（也就是亡者的父母親）陪同下，我把大女兒帶到人少的地方，先跟孩子父親的魂魄溝通：「你要先沉住氣，停止對孩子施壓，否則會傷到孩子！」

接下來，我再告訴他：「這次的車禍是你自己前世因果業報的結果，如果你想要報仇，那麼這因果將永遠無法化解，你累世都會重複面臨這樣的痛苦，你真的想這樣嗎？」

他當然不想，我請他沉住氣後，告訴他：「再過一段時間，約四、五個月左右，對方的果報將會到來，不過果報的對象是另外一段因果關係。會有第三者替你報仇。只要你沒有採取報復措施，前世的因果業報就會到此為止，而且袒護肇事者的父母也會捲入，受到嚴重的懲罰，懂了嗎？」

亡者聽懂了我的意思，就沒有再說話了。

我看著亡者的父母親，提醒他們：「記得，不要再口出報復的字眼，以免再次激起亡者的報仇意念，造成不可收拾的後果，忍下來靜待轉機！」

五個月後，報應來了。

那天，太陽已經下山後，天也黑了，當肇事者父母沒看見兒子回來後，就外出找人。他們最後在自家果園發現兒子的屍體，但是已經氣絕多時，而且掛在鐵絲索上面。

那位肇事者應該是傍晚開著載水果的登山小貨車，來到自己的果園採摘楊桃，卻沒有注意環境，被果園內橫掛的鐵絲截斷了自己的氣管，且人也橫掛在上面。

在那件意外之後，肇事者的父母似乎被當時的場景深深震撼，感到相當恐懼，兩人身體健康急轉直下、時好時壞，卻未曾痊癒。

被害的家族寬宏大量，選擇不去追究而原諒，交由天理裁決，不但化解了兒子的前世果業，也讓家運得以延續，孫女、後代都平安！而肇事者家族為自己做的事情付出了慘痛的代價。

天網恢恢，疏而不漏，報應不是不報，只是時候未到。

釣客捕捉百年鰻魚精，橫死在國家公園的水域

我有一位朋友非常喜歡釣魚，也喜歡研究設計捉魚的陷阱，不僅興趣稀奇古怪，也會拿陷阱來捉一些稀有名貴的魚類，讓自己賺錢及解饞。他多年來樂此不疲，不論上山下海，山川湖泊，只要有魚或名貴的水產，都可能見到他的足跡！

他很會追捕野生的鱸鰻、大白鰻、大甲魚，以此遠近馳名，尤其特別喜愛獵捕懷孕的甲魚或鰻魚，認為一起煮食特別滋補！也許是因為這樣，他的身材、體力都比一般人還好，幾乎很少聽到他說自己有什麼病痛或是不舒服的情形。而所有想要一嚐野生美味的人都會慕名而來，讓他又有錢賺，又聲名大噪。

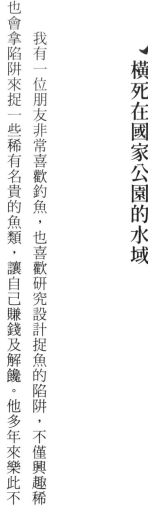

有一次，他說自己在苗栗山區溪澗中鎖定了一隻百年鱸鰻精，他已經追蹤好幾個月，並佈下天羅地網！經過近三個月後，他終於捉到了這隻百年鰻精，他非常得意，把牠分割，高價賣給了預定的六位客人，獲得了豐厚的利益。

不過，在他上次分享這故事給我後，我就沒再聽到他的消息。

直到半年後的某天，我的手機顯示一組不熟悉的號碼，我接起來後，才知道是這位釣客朋友。

他說：「我是借用一間宮廟的電話打給你的，希望你能幫助我。」

我問：「你怎麼了？」

他說：「我最近突然變得常常莫名其妙生病、不舒服，但到醫院去檢查身體，找不任何原因，卻三天兩頭就莫名發病。所以我到一間宮廟，請示裡面供奉的城隍爺。老乩身起乩後跟我說，我被一隻修練百年成精的鰻魚糾纏復仇，而且旁邊還有數量不少的生靈跟著一起報仇！這間宮廟沒有能力處理這類的事情，所以希望能請你幫忙。」

知道事情原委後，我們相約三天後在他家見面處理。

三天後的早上，我來到他家，開始執行儀式。

我恭請相關的菩薩到場，另外召請專司管護生靈的菩薩，祂的全名是「皇天后土大地之母」，管護婆娑世界所有的生物與生靈。此外，我也召請主管生物、生靈的山神。

當然，召請的還有鰻精，以及以前受害的魚族生物等生靈，一同仔細了解案情。

這時，后土和山神提出了相關的證據，證明我朋友長年以來所殺害的魚族生靈不可勝數，受害生靈們都希望加害人還他們公道。

我的朋友被現場的情況嚇到了，他沒有想到事情會變成這樣嚴重，問我：「像我這樣謀生的人也不在少數，況且他們只不過是畜生、生物，為什麼其他人沒事，唯獨我有事？」

我告訴他原委：「一般的畜生，如果是屬於六道之中，代表前世表現不佳，所以轉世而來。但不在六道輪迴中的生靈有生命的自主權利，怎麼可能隨便任人剝奪？何況鰻魚精已經修行百年，誠屬難能可貴。人類至始以來，早已習慣不尊重其他生命的生存權利、咨意妄為、殘害生命，如果不去扼止歪風惡習，那麼娑婆界中，人類以外的生命澈底滅亡只是早晚的事情。」

接著，我代表菩薩，徵詢被害生靈們：「你們想怎麼懲罰？」

生靈們經過一陣討論後，鰻精代表所有的受害生靈們，說明達成的共識：「第一，加害人必須真心道歉改過，保證不會再犯；第二，他要愛護、放生、維護尊重生靈的生命及生靈生存的環境；第三，他要勸戒世人尊重生靈！」

聽完之後，我看了一下朋友，問：「你的回應是？」

他回答：「……我需要好好考慮再告知大家。」

其實我心裡很清楚，他根本沒有誠意面對，但僵在這裡也不是辦法。

我向受害的生靈們建議：「先給他七天的時間再做定奪，好嗎？」

他們接受了，於是我恭送了所有與會者，讓生靈、山神、菩薩們都離開。

不過，一週後，我並沒有接到這位朋友的任何回應，於是我通知了大地之母及山神，請祂們向那群受害的生靈們轉告我朋友的意願。

只是我沒想到，這件事情竟然還有後續。

四個多月後，我接到那位朋友妻子的電話。

她跟我說：「我丈夫之前失蹤了七天，結果在某國家公園內，溪流保護區的深水潭中發現了他的遺體。他身上外露的部分，像是眼睛、耳朵、鼻子、嘴唇，還有所有的內臟，全部都被水生生物吃掉了，只留下一個空的軀體。我們也不知道他怎麼死的……」

這個消息令我內心難受，但我知道，這位朋友的所作所為印證了咎由自取。他的結果只是還給受害的生靈們一個天理公道。

我們極不願意再看到冤冤相報，如果人類可以重新學習尊重別人，以及其他生命，不但對大家都好，也能保障人類自己不會走向毀滅！

曾經仰慕的道士走偏了路，被自己養的小鬼吞噬

這次的故事是有關一位我曾經仰慕過的法師。當時他相當知名，開設了一間天公廟，主神是供奉玉皇上帝，其他輔助的神尊菩薩超過近百尊。由於他法力高強，能說善道，所以很快就凝聚眾多的信徒和弟子。我在拜師學藝的階段，也曾經仰慕前去請教，對他十分佩服，甚至曾經想要把他列入拜師的對象！

不過，有句台語俗諺說得好：「囂張無落魄的久。」意思是人不可以得意忘形，否則來得快，去得也快。

六年後，當我有機會再見到他時，我突然發現眼前的法師已經不是當初我所崇拜、欣賞的人了。我還強烈感覺到，他身上充滿著邪惡之氣！

之後，我有一位朋友去請他處理問題，卻被他騙了不少錢。這位朋友把整個受害的情況跟我說，令我匪夷所思。為此，我第三度與他見面，並向他求證，結果我得到的結論，證實我朋友說得沒錯！

當時我真的非常傻眼與失望。

很多年後，我已經經過三位菩薩的同意，成為祂們正式的代言人，開始為人服務了。由於菩薩教習我的方式和法門跟一般修行方法不同，所以很快就引起大家的關注。我幾乎已經沒有再聽到過他的任何消息

有一天，我接到了一通電話。對方自稱是那位法師，說：「我透過朋友知道你有很特別的法門，你能不能幫我化解危難？」

我當下並沒有答應他，只回應：「請你留下電話與姓名，等我請示過菩薩，獲得同意之後，我會再回電。」

我請示了菩薩，祂們跟我說明他的現況及曾經做過的錯事，希望我能夠勸他改邪歸正、真心懺悔，否則後果堪慮。

於是我再打電話給他，跟他相約在他的廟裡碰面。

當天，我在廟埕的停車場停好車，下車後，開始感覺到，整間廟充斥著邪靈的氣場——他肯定有養過陰靈小鬼。

我進到廟裡，看到他坐在辦事的桌子後，臉部烏雲罩頂，雙眼無神，呼吸氣若游絲，我便知道情況不妙。

我坐在他桌子對面的位置，問：「你有什麼事需要幫忙？」

他看了看我，想了一陣子，才露出彷彿認識我的神情，楞了很久才說：「我的廟生意每況愈下，而且我的身體也愈來愈差，真的撐不下去。但我經營了幾十年，實在捨不得收起來，你能不能推薦弟子代行辦事，讓我在旁邊幫忙？」

我沒直接回應他的問題，而是問：「你出來辦事多久了？」

他說：「快四十年了。」

我又問；「你當年是什麼原因投入做這件事？師承是誰？學習什麼派別的法門？」

他說：「我當年學習的初衷，是一方面養活自己，另一方面可以幫助他人。我的師承得自於道教法師，擅長茅山法門，只是師尊好飲酒作樂。雖然我知道師尊法術修為很高，但常因酒醉而誤事，為避免在他酒醉時觸怒他，所以我後來都盡可能避開他，所以和師父感情上並不融恰，有明顯的隔閡，這是造成我後來提前離開師門最主要的原因。」

我問：「那你目前正式傳習了多少弟子？」

他說：「慕名而來的不少，但真正留下學習的卻不多，目前學成的只有三位。」

我問：「所謂學成的標準是如何界定？」

他說：「由我來決定。」

我問：「有沒有人慕名求教，希望你教導靈乩之術？」

他說：「這樣的人很多，但不是每個人都可以學習的。人必須觀念正確、心神安定，加上體質特殊才行。而且，我知道自己沒有這份能耐，所以沒有教習這個項目。」

我問：「你如何教授弟子？讓他們學習什麼？」

他的回答開始含混不清。

我想，我了解情況了。

我告訴他：「我們自己基本修行的基礎能力，比如觀念、行為、品德這些，原本就該自我學習要求，直到完備了才可以接著涉略法門獨學。而且融匯貫通，學成之後，我們也必須經過師承法統，得到神佛菩薩的同意認證，才可以執行法門與傳習，絕不可私相授受自己決定！

既然我們借神佛之名行修行濟世之實，就應當謹守記律分際，不可擅自逾越。而且，修行的本意原本就是建構在濟世、助人、傳習之上，所以從根本上，我們就不可以以此富足自己，引發貪婪之念！如果這些重要的要求我們都不具備，怎麼能夠開宮濟世助人？又怎麼能夠將神佛理念與精髓傳芳百世呢？

目前你自己和三位弟子其實都不具備足夠的能力來擔任這工作，所以我建議你應該把廟收起來，好好養病，重新懺悔，不要再自誤誤人。現在懺悔還來得及，再晚了就永遠無法彌補了！如果你想清楚了，再打電話給我，我會再幫你。沒有想清楚的話，就自己去收拾殘局吧。」

我起身，不再回頭看他，就轉身離開了！

後記

後來聽廟宇附近的鄰居說，他們有將近一週沒有看到法師，於是他的弟子打開廟門，才發現他已經猝死在廟裡七天了。

他的死狀淒慘無比，臉部表情極度驚恐，全身痙攣扭曲得不成人形，甚至自己咬斷自己的牙齒。

檢查官驗屍後，認為並無他殺的跡象和證據，所以發還親友處理安葬。

我請示菩薩：「他的生命是結束在自己豢養的邪靈手上嗎？」

菩薩點了頭。

「他個人的果報，是不是會讓他待在阿鼻地獄，很難解脫了？」

菩薩也點頭了。

他個人所犯下的錯誤主要在於以下四點。

一、沒有得到師承或菩薩的同意，就擅自以法門為人處理疑難雜症。

二、假借神佛名義欺瞞詐財、獲取暴利、貪婪不知進退。

三、欺壓、奴役無辜亡靈，為虎作倀來滿足自己貪婪慾望。

四、違背對菩薩的承諾，素行不良。

他所有發生的事情，其實印證了現在台灣宮廟的畸型文化，充斥著結合黑道勢力與詐騙的行為，嚴重詆毀了神佛菩薩的慈悲清譽，更讓社會人心被嚴重錯誤觀念與行為所荼毒，產生乖離偏頗的結果。

不論是什麼人，都必須為自己的所做所為付出代價。這裡也提醒大家，如果寺廟無法發揮它應有的作用，那還不如不要。畢竟建設、維護的費用價值不斐，這筆錢應該花在更該花的地方。

其實神佛菩薩應該是供奉在我們每一個人的心中，哪裡需要時，寺廟的人就快速趕到那裡，既不需要養一批人，也不用花錢定期保養，大家認為這個主意是否有創意呢？

人間有佛，佛在人間，試問佛是誰？

心中有佛，佛在心中，試問心是誰？

風化街之子歹事做盡，卻後悔沒見到母親最後一面

佛祖本師釋迦牟尼曾經說過：「如果有一天，一位十惡不赦的罪人真心悔悟，那麼我們就必須開一道善門，幫助他改過自新！」

這次要說的故事，是關於我小時候的同學，他的老家在台中一條特殊的街區，老台中人都知道那裡是風化區。他的生父不詳，只知道母親在很年輕的時候就生下他。因為母親需要養活自己與他，於是帶著他到這裡落腳，一邊做特別服務的工作，一邊撫養孩子。

他從小就長得很可愛，所以不論是媽媽工作的姐妹們、客人們或是鄰居，大家都很喜歡他。他有著一頭跟母親一樣天然偏黃的頭髮，像外國人，所以大家給他取了一個綽號「阿豆仔」。

他從小就有很強的自尊心和一副壞脾氣，因為媽媽要工作，所以有很多事情，他都必須靠自己完成，於是養成很獨立的個性，不會依賴別人。

隨著年齡漸長，母親讓他去上學了，但是他可以好好唸書的地方只有學校。下課後，他和母親住的地方只有一間很小的房間，連窗戶都沒有，放上一張單人床後就沒有什麼空間了，根本就沒有適合唸書的空間和環境。此外，由於他長得帥氣，所以很受到女生喜歡，有些男同學會吃醋，就排擠他或是造謠中傷他的家世，讓他很難過。

漸漸的，他不想再去上學了，於是他開始翹課，跑去一些遊藝場或電影院。為了滿足開銷，他開始學會偷錢，胃口愈來愈大後，只要有錢可賺，他就不擇手段！當他母親發現孩子也染上壞習慣時，狠狠地修理了他，並且常常趕他出門。慢慢的，他也習慣一個人流浪在外的生活模式。

後來，他終於輟學，並開始和住家附近不學好的朋友廝混在一起。為了不想再被別人欺負、取笑，他的性格也變得逞兇鬥狠，逐漸誤入歧途。

有一次，他參與了幫派糾紛，他搶下對方持有的刀，把對方殺成重傷，被捕入獄。因為他未成年，所以被送進了少年觀護所。只是沒想到，少觀所並沒有矯正他，當他離開少觀所時，不僅年齡已經成年了，在裡面的幾年深造，也讓他提升了逞兇鬥狠的經驗和戰力。

出獄後，他曾經回到原本的家，卻發現母親已經離開那裡。他向母親的姐妹打聽後，得知母親與一位認識的客人一起搬走了，他沒有索取母親的連絡電話，黯然離開，他知道自己已經孑然一身、一無所有了。

他想，他現在只有靠自己了，既然要活，就要活得好一點，活得轟轟烈烈一點。於是，他運用自己在少觀所累積的所有經歷、戰力與關係，建立一支屬於自己的幫派。

他為了讓自己與幫派獲得更大的利益，他們要其他人聽到他們名號就聞風喪膽，所以下手兇狠，殺人不眨眼，也令道上的兄弟為之膽寒。他們確實獲得了很大的利益，無論是走私、販毒、槍械、包賭包娼無不涉足，更訓練了一支以兇狠不怕死著稱的敢死隊，令人避之惟恐不及。

然而，愈大的名聲代表愈大的壓力，他透過酗酒、吸毒排解壓力，身體狀況開始一步步走下坡！

有一天，他母親以前的姐妹淘讓人傳話告訴他，母親病危，正在醫院搶救。他很快就趕去醫院探視母親，不幸的是，他並沒有見到母親最後一面。到醫院時，他只見到斷氣的母親。

母親的姐妹淘給了他一封信，是母親之前寫給他的遺書。他看完之後跪地痛哭。原本他以為母親找到了可以照顧她的知己，兩人白頭到老。他衷心祝福這件好事，為了不影響她的心情和生活，所以始終都沒有去看她。但是他沒有想到，這種做法卻讓自己再也見不到母親的最後一面。

在母親告別式的前一晚，他到了靈堂，在母親的遺像前行跪禮，低頭啜泣，而在那之後，有好長一段時間，所有認識他的人都沒有再看過他。

但是，黑道上所有的重大事件都與他脫不了關係。他遭到全國警方的全面通緝，聲名狼藉，有一段很長的時間消聲匿跡。

直到三年後的一天，有一位熟識的朋友打電話給我，說有一位我的同學想要見我，那位同學知道我已經是個命理老師了。朋友一講那同學的名字，我馬上就同意見面。

幾天後，朋友帶我到一間不起眼的民宅，雖然說外觀看起來有一些歷史，不過維護得不錯。

我們進入屋內，就看到客廳擺了一張床，同學「阿豆仔」正躺在床上，氣色很差，人也很瘦。

我可以感覺到，他罹患了絕症。

我拿了一張椅子坐到床邊，握住他的手，問：「你希望我幫你什麼？」

阿豆仔問：「我還能夠活多久？」

「主治醫生沒有告訴你嗎？」

他沒有回應這個提問，大概是答案太殘忍了吧。他又問：「為什麼我的一生會這麼辛苦與不堪？」

「這就是我們自己累世的因果業力造成的。」

他聽完後，閉上眼睛，沉思了一下，又緩緩張開雙眼，沒有說話。

我想，他知道我講的是什麼意思。

他接著問：「能不能讓我知道，我的媽媽現在過得好不好？」

「她過得很好，你母親往生後，對她一生坎坷，沒能好好照顧你，心裡有很深的愧疚。她為了想要彌補，也為了懺悔自己的錯誤，發願請慈悲的菩薩給她一個自新的機會，也請菩薩保佑她尚在人間的唯一兒子能夠平安順遂，長命百歲。她真心發願三世跟隨菩薩修行，化解自己所有累世業報，全力以赴幫助地府受難的眾生，所以你母親現在正在地府菩薩的身邊實踐她的承諾。」

他聽完後，面色凝重地問我：「我知道自己以前做了很多傷天害理的事情，所以才會有今天的報應，我要怎麼做，才可以消除我內心長久以來的恐懼和不安？」

「真心懺悔、真心放下、真心改過！罪惡無涯、回頭是岸。」我又問他：「你還記得你母親留給你的遺書裡提醒的事情嗎？」

他點頭了。

最後我鼓勵他：「生命的長短，生活是否富裕，對人生價值來說並不是最重要的事情。重要的是我們有沒有為自己留下善根，留下來世的善緣。」我緊緊握了他的手，「你應該要做智慧的抉擇才是對的！」

他也緊緊握著我的手，跟我說：「謝謝。」

我看了他的神情，知道他已經真心懺悔，願意向善，於是我起身離開了！

三個月後，我得知他已經離世了。

當我知道他把我的話聽進去後，我覺得心情頓時變得很輕鬆，也很欣慰，因為我幫助了一位有緣人！

貿然介入他人因果業障導致自身災禍的故事

這次分享的故事都與介入因果業報，並因為處理不慎而導致災禍有關。

第一個故事的主角是我一位中年男子的朋友，他曾經混跡黑道，後來收山，改過向善，現在從事正當的傳統工作。他親身體驗了因果業報的恐怖。

路見不平協助老先生，卻捲入他人業報

在他四十五歲的那年，有一天他外出工作時，看到兩名年輕男生酒駕肇事撞到了人，對方是一位七十歲左右的老先生，結果年輕人竟然怪罪老先生，還拿出鋁棒痛毆。路人都不敢伸出援手幫忙。

我朋友趕緊下車，阻止勸解，結果年輕人居然反而來打他，惹怒了他，於是他展開反擊。

我朋友本來就是練家子，又「經驗豐富」，很快就制服了這兩名年輕人。不過，其中一名年輕人不勝酒力，被擊倒後失去控制，頭部撞到地上，造成顱內出血，嚴重昏迷，後來經搶救仍然不治。

年輕人家屬心有不甘，狀告法院，提出高額的求償。不過法院最後還給我朋友公道，判決正當防衛，裁定無罪！

原本他認為這件事情就這樣結束了，但判決定讞的兩週後，他開始發生了一些不可思議的靈異事件。

他每晚入睡後，都會看見一男一女手上各拿著一枚類似令牌的牌子，嘴裡唸唸有詞，但他聽不懂他們在說什麼。這樣的情況連續出現好幾晚，不僅干擾了他的睡眠和運勢，而且情況愈來愈嚴重。

有一晚，他看到這對男女帶著當年被他誤傷至死的人來到他家，但他依舊聽不懂這對男女的話語，也無法理解他們的動機，但他知道事有蹊蹺，不能再輕忽了，所以專程找我幫忙。

我請示菩薩後，才知道這件事情的嚴重性。經過菩薩的同意後，我們舉行了一場臨時的法會，召請了這對亡靈男女及意外身故的年輕人。

召喚後，三個人經由地府專責的菩薩及將軍押解抵達到場。我們仔細地詢問後，才知道事情的原委。

這一對男女在世時，身家相當富裕，與意外身故的年輕人在前世為好朋友。然而，年輕人好逸惡勞，想要不勞而獲，不僅覬覦他們的財富，還有妻子的美色。男子設下陷阱，奪取家產，還凌辱妻子，最後再殺人滅口，還掩滅證據，讓夫妻如人間蒸發。

夫妻兩人往生後，狀告閻王，因事態嚴重，這件事委請東嶽殿專案調查，最後呈請判定，同意他們追索冤情，準予核發「閻王令」討回公道。

那位原兇轉世後，惡劣的本性不改，又殘害無辜老人。不過，我朋友路過，好心救助老先生時，誤殺了惡徒，卻不知道這竟然破壞了這對冤死夫妻報仇雪恨的過程。那位夫妻怨氣無從發洩，轉而憎恨我朋友。

還好大家敘述完後，發現我朋友是清白的，阻止了這場錯誤的因果業報繼續下去。同時，這對被害夫妻也願意原諒我朋友的無心之過，化解了另一個可能的冤情，也讓這位朋友躲過一場嚴重的災禍。

醫師很容易短壽

關於介入因果關係，有一個職業相當容易捲入其中。

說到台灣地區人民的平均壽命，男性大約在76歲左右，女性平均壽命在78歲左右，但是有一種職業的從業者，無論男女，平均壽命皆在66～68歲之間，很多年統計下並沒有太大的差異，這個職業就是「醫生」，而且中西醫之間的差異性也不大。按道理說，醫生比其他人更了解保護健康的重要，但是為什麼他們平均壽命卻低於一般人？

其實有個非常重要的原因，就是醫生容易牽涉到別人的因果業報。如果平常又沒有為自己累積一些福報陰德，當然就會影響到自己的生命及運氣。

醫生雖然有優渥的生活品質，但上天已經給了一種好命運，自然就不可能在另一方面再給長命的福利，除非平日所累積的福報足夠，否則長命又富貴很難兼得，這就是天地之間公平的道理！

這次的故事是一位地區性教學醫院的主任級專業醫師，他專長的項目是腫瘤科，任職期間幫助也救了不少人的生命，但他也犧牲了自己的一部份健康。

有一天，他突發急發性心肌梗塞，情況危急，送醫途中耽誤了黃金救援時機，當送到醫院時，只能使用葉克膜來維繫生命。此外，因為他擔任主治醫師太忙碌，缺乏運動又飲食不正常，所以患有三高（高血糖、血脂、血壓）的症狀，即便經過多次急救，病情也一直沒有改善。他的家人和同事對他的情況都不抱太大的希望。

他有一位醫學院的同學是我佛堂教習的學生，帶著當事人的太太跑來找我請求菩薩。經過請示獲得同意後，我隨即安排行程，前去醫院探視情況，然後再和家屬及各科的主治醫師商議。

我轉達菩薩對當事人病情的建議：因為病人長期血脂、血糖、血壓高的影響，造成血液中病菌數高昇不降，所以用藥療效不佳，應該優先考慮淨化血液，也就是洗腎。確定血液清潔後再用藥，才會產生效果。洗腎的頻率可以視情況好轉，逐步降低！

另外，鑒於當事人行醫期間，行事作風符合仁風義德，所以菩薩同意在佛堂設立特別的祈福法門「孔明七星續命燈」來護持。

大家研討後，終於接受了菩薩的建議開始治療，當事人情況也跟著好轉，七天之後逐漸脫離了危險期，病情也愈來愈穩定，終於在三週後正式拆除葉克膜，並從加護病房轉到普通病房。

一個月後，他出院了。菩薩要求他回佛堂一趟，以便讓他了解造成這次劫難的主要原因。

經過了這次的劫難和菩薩的說明，他知道了真相，沒多久便決定辭去醫生的工作，好好照顧自己的身體，並且做一些佈施及善舉，為自己累積一些福田陰德。

黑心法官介入因果，全家遭到報應

還有一個職業很容易介入因果關係，是法官。

我有一位鄰居從事法官，別人給他的評價是「錢通人和」，凡事有錢就可以搞定，認錢不認人。

他剛開始在基層地院服務，隨著政經關係愈來愈多，也逐步高昇至高院，「行情」自然也一路看漲。他因為掌握了別人的生殺大權，自視為救世主，所以對有求於他的人予取予求，獲取為數可觀的不當利益。最惡劣的尤其是他公然袒護長年為惡的不法之徒，造成很多受害人的怨恨，死不瞑目。

然而他不知道，自己造業所促成的惡果，加上祖護黑道惡人濫殺無辜、荼毒百姓，早已使他涉入他人的因果業報，於是因果便開始展開了業報的追償。

報應首先出現在他高齡的父親身上。他父親從廁所出來時，竟然莫名滑倒，地上及拖鞋明明都有安置防滑措施，且地上也沒有任何水漬或積水，之前從來沒有發生過滑倒事件。然而這一滑，讓他父親頭部直接撞擊地面，造成顱內嚴重出血，急救無效，在送醫後第七天往生了。

加護病房照顧的護理師傳聞，老先生往生時，竟然眼睛莫名睜大，就像受到極度的驚恐，他們從沒見過這種情況，也無法理解他生前到底看到了什麼。

三個月後，法官唯一的兒子和朋友相約在省道騎重機，結果飆車時失控翻覆，撞上路邊的電線桿，傷勢嚴重，送醫後宣告成為植物人，沒有復原的機會。法官只能將兒子送入呼吸照顧中心長期照顧。

一年後，他們家又接連發生了兩件事情，一是法官的太太得到癌症，診斷結果已經有移轉的現象，目前住院治療中；二是法官的大女兒因為和男友感情出問題，衝擊情緒，激動之下選擇自殺，雖然送醫後把命救回來了，但是精神狀態極糟，不得不送進精神病院治療。

經過一連串事件後，法官透過熟悉門道的朋友建議去請示神明菩薩。但他的誠心不足，加上品德操守惡劣，沒有任何一位神佛菩薩願意幫助他。

之後，他去地方上的陰廟請示陰神，結果抽出籤詩告訴他：善惡終有報，不是不報，時候未到。當報應來的時候，再做什麼都將無補於事，早知如此，何必當初？

當晚，法官回到家裡，失意地寫好了遺書，交代罹癌的太太照顧好母親和就醫的子女，然後仰藥自殺身亡。

他認為人死後，所有的事情都可以畫下句點，卻不知自己的惡劣作為早已促成因果，還承擔了別人的因果，相互交錯，讓他的業報無法化解，生生世世糾纏不歇。

何況，他不尊重自己的生命，尋短往生，之後七世輪迴會世世尋短，第八世打入畜牲道，永世不得為人。

修行者也很容易捲入因果

大家必須知道一件事，不是自己願意，或自己有修行，就可以隨意救人性命。由於這中間涉及因果報應。出手救人，必須師出有名——也就是說，救人者必須經過上天認證，是我們所說的靈媒、領有上天旨令的修行者，或帶有使命的使者，才可以名正言順救人，而不會涉入他人的因果業報。

我這一世為了學習獨特的法門功夫，先後拜習了五位老師，但是後來其中四位已經不在這個世界上了，僅存的一位目前也下落不明。我請示菩薩原因後，得知他們皆沒有領授資格許可，而私下進行救命解厄，導致引發他人的因果業報轉向，造成令人不勝唏噓的結果。

其實每位出家人或修行者都有自我修行的法門和理念，可以隨自己的意念去勸化世人，但是如果要救命解厄，勢必就會涉及到他人的因果，就必須遵守自古以來就存在的規定。若沒有確實遵守，那必定會遭到因果的討報。

我認識一位修法高僧，他曾經在國內一間頗具知名度的佛寺擔任住持，平時經常開辦修行佛法的課程教化人心，深受尊重。但他為了讓自己更具知名度，也誤以為自己修為已經足以應付，所以他開始救贖特別嚴重的眾生，當然也獲得了讚賞，知名度也水漲船高。

直到有一天，他感覺到自己的身體出現了異樣，到醫院做全身健康檢查，包括斷層掃瞄、核磁共振，卻完全找不出原因。但他知道自己的精神、體力一天天不斷逝去，自知不妙。他透過介紹，找到一些具有特殊能力的修行者，卻依然無法給他答案。

最後，他透過家人找到我幫忙，並希望我能保守秘密。我們約定見面時間及地點後便碰面。

見面後，他跟我說明他目前所面臨的情況。我仔細觀察他後，對他的情形已經了然於心，就問：「為什麼你要去觸碰不被准許的事情？你難道不知道自己要付出的代價嗎？」

他點頭，但表情苦澀地說：「但我沒有想到，這竟然會這麼嚴重。有沒有化解的方法？有的話，即便要付出高額的代價，我也願意。」

我說：「如果我幫你化解之後，你仍然繼續做一樣的事情，那麼誰也救不了你，因為你並不具備這樣的使命，所以就必須完全承擔別人的因果。我知道它為你帶來很豐厚的回報，但是用累世的生命和不斷輪迴的果報去交換本來就不屬於你的東西，值得嗎？」

於是我拒絕了他的請求。

六個月後，他在自家床上暴斃，一直找不到死因。

每個人都可以選擇修行助人，這也是值得稱許的事情，但是我們必須清楚，行事要量力而為。莽撞行事，明知不可為而為之，不僅沒辦法受人尊重，反而可能使自己陷入無底深淵，失去寶貴的生命，甚至陷入無止境輪迴的業報。

修行的初衷是受惠和回饋心意的展現，所以要回歸到本意，還原到單純如同品茗，失去了動機，就感覺不到它原本的風味了，你們說是嗎？

三、輪迴業障

換腎身體出狀況，原來腎臟來自法輪功

有一位大姐，因為腎臟功能出問題，不得已於二十年前到大陸去換腎。原本她以為這樣就可以解除多年來所承受的痛苦，但是手術完後，雖然原本症狀所帶來的痛苦，在程度上稍有減緩，但是症狀依然存在，有時情況甚至嚴重到必須送院治療。

兩年前，她的病情突然惡化，必須送進加護病房，生命也逐漸消逝。她的家人請求我幫她查明原因。我請示菩薩後獲得同意，便擇日舉行法會調查。

法會召開的地點在山邊，那天原是風和日麗，但召開不久後開始刮起強風，降下濃烈的山嵐霧氣，一時之間籠罩了會場，氛圍變得詭異。

此時，山嵐之中隱約出現一名男士的身影，現場突然有種凜冽的氛圍，像是打開巨大的冰櫃，所有的空間都凍住了，時間、萬物全部停滯不動。

我們漸漸看到他的臉龐，也感受到他身上散發出強烈的怨氣。

我先開口問：「你是誰？」

他說：「我就是這位大姐身上器官的主人，我要討回屬於自己的東西！先前我已經向三個人要回一副心臟和兩副肝臟，現在要向這位大姐和一位住在香港的先生要回剩下的兩副腎臟！」

我趕緊問：「你不是自己同意捐贈器官救人嗎？為什麼還要收回呢？」

他搖搖頭，說：「我原本住在浙江省，因為參加了法輪功，被公安局強行拘留，而且還被強制拔除器官，銷售給其他人！我心有不甘，所以要討回屬於自己的東西！前面的三個人分別住在北京、浙江、成都，我都已經要回來了，現在就剩下住在台灣和香港的兩個人！」

這時，我從地府文判手中接過這個人的生死簿，查閱清楚後，發現他這一生遇到的橫禍肇始於自己的前世因果。他前世因為不信因果及宗教，經常攻訐毀謗神佛菩薩，甚至放火燒毀寺廟，所以才遭到如此果報。

我說：「你的前世因造就了這世的來世果！這一世，你冥冥之中被提醒，讓你有機會修補自己前世所犯下的滔天罪行。你加入法輪功，就是要讓你懺悔，被強摘器官，是為了彌補自己過去的無明和不尊重菩薩。

有罪的不是這五位病友，而是動手的公安和下令的官員。你犧牲自己的生命，留下臟器，也代表你在凡間留下大愛。這五位病友其實就是考驗你是否有決心接受處罰，真心懺悔。你願意放下自己的怨念嗎？」

這時，原本冷冽的氣氛逐漸緩和，他慢慢跪在所有的菩薩面前，情緒愈來愈激動，直到痛哭流涕。

菩薩起身拉起他，告訴他：「你已經真心懺悔，也放下怨念，原諒五位病友讓他們重生。這代表你已經悟性了。你可以跟隨我們一起了。」

他隨著菩薩離開前，我們兩人眼神交會，我看到他眼中泛滿了感恩和富足。

法會後，這位大姐奇蹟似痊癒了，身體也逐漸恢復了健康，大家都心懷感恩，感謝菩薩。

先生被三人圍毆，太太剃度出家

有一名住在台中的53歲男子。有一天傍晚，在公家單位維護的公園內，有居民見到他被三名持鐵棒的男性兇猛攻擊，他被打到頭部已經完全變形。攻擊結束後，這三名兇嫌立即逃離現場，現場目擊的人立刻報警。救護車到場後，也馬上將他送到醫院急救。

他傷勢太過嚴重，醫生告訴家屬不可能有辦法把他救回來，即使救回來了，也肯定變成植物人。

剛開始，家人抱著希望奇蹟出現，但隨著時間流逝，傷者情況嚴重，卻一直不肯嚥下最後一口氣，似乎心有怨恨不願離開。

男子的家族原本是地方望族，祖先留下很多財產。不過，他好吃懶做，終日沉溺在酒色財氣中，敗光了所有的家產，導致家道中落，生活過得很困苦，全家只能廉價租下百年的破舊房子安身。

此時，他在加護病房急救，醫療費用高昂，家裡確實無力負擔，然而他卻又不願闔眼，造成家人很大的壓力和負擔。他的太太透過朋友介紹，找我請示該怎麼做。

我看完她先生的命盤資料後，問她：「你今天來的目的是什麼？」

她說：「我想要請你讓先生早點離開。」

我回答：「每個人生命的長短是由菩薩決定的，我是個凡夫俗子，沒有這個權限，更無法代行。我建議你應該直接去大廟請示菩薩。」

這回應讓她沉默了。我又問：「你為什麼不想全力救自己的夫婿？即使只有一線生機，你都應該把握，更何況生命是無價的，不是嗎？」

然後，她緩緩把所有的事情都說出來，最後說：「我的一生和三個孩子的幸福，完全都毀在他一意孤行、不負責任的手上。」

這時，菩薩要我轉述她和她先生的因果始末。

我想了一下比喻，然後問她：「一個殺人兇手是不是很可惡？那麼連續殺了三個人的兇手是不是更可惡？那你認為，還有什麼人比這兩種人更可惡？」

她沒有回應，等待我的答案。

我說：「是在背後教唆他們連續殺人的人，才是最可惡的。」

她問：「這跟我有什麼關係？」

我說：「你就是教唆先生在前世殺人的人。」

他們前世的故事是這樣的。

前世的太太，為了自己的利益和不當財富，教唆前世的先生去殺人謀財，先後謀殺了三條人命。然而，前世太太為了怕他分享不義之財、洩漏秘密，便偷偷密告官府，讓前世先生被捕下獄，判處絞刑。

前世先生死前心有不甘、強烈詛咒前世太太，生生世世不得平靜，災難不斷，不得好死！

我跟她說：「在你跟先生結婚之前，是你一生最幸福的階段。結婚後，你以為你有了他們家豐厚的財產和人脈，應該不會過得太差，但這是你的惡夢，也就是你果報的開始。

你在前世教唆他殺害的那三個人，就是這次這一世在公園圍毆你先生的人！他們不過就是想要報仇血恨而已。

而你前世獲得的不義之財，因為因果業報，使得這一世豐富的祖產全部化為烏有。

菩薩說：現在受的事，前世做的事；欲知未來事，現在做的事！如果你想要真正化解這件事，那麼就必須真心誠意，向天地、菩薩、所有相關的人以及自己的良知本性認錯，並且改過，否則因果業報的追殺將永遠不會停止，你也永遠得不到原諒。」

她聽完之後才恍然大悟，隨後放聲痛哭。

她回到家後，照著我給她的建議，沐浴淨身，穿清淨的衣服，雙掌合十，面向西方跪在地上，向菩薩深深的懺悔，向被自己陷害身亡的人請求原諒，直到祂們願意原諒為止。

第二天天亮，她接到醫院加護病房的電話，跟她說先生離世了。她簡單辦完先生的後事，之後我有很長一段時間沒有再聽到有關她或他們家的任何訊息。直到沒多久前，才再次聽到，她已經正式剃度出家，為她自己曾經做過的錯事贖罪、懺悔！

佛說：「放下屠刀，立地成佛。」知錯能改，善莫大焉。

唐朝藥鋪的孽緣，讓男子今生感情總是沒結果

有一位37歲的年輕男性，住在宜蘭縣羅東鎮，透過台北朋友的介紹，到台中市找我幫忙。

我看到他時，覺得他長得挺稱頭，帥氣又有人緣，但他跟我說：「我的感情一直以來都不順利，從22歲開始，交往了很多位女朋友，結果都沒有成功過，而且我又是家中的獨子，讓父母滿擔心的。」

我看了他的命盤，發現他在前世有一段因緣果報一直阻礙著他的婚姻。

我跟他說明後，他跟我說：「這樣說起來，我每次新認識女朋友，都會被破壞，而且破壞者不是人，而是鬼，還是個女生！她每次都穿得全身紅：紅髮飾、紅衣褲、紅鞋子，連口紅、絲巾也都是紅色的，都是屬於很早期的樣式。」

聽到這裡，我有種不好的預感。我說：「請你特別請示三聖佛，如果祂們給了你

連續三個聖筊，我就幫你處理，因為這件事情非同小可！」

事情果然不順利，他連續請示了六次，菩薩都沒有回應他。我請他更改請示用辭，果然很快菩薩就給予正面回應，欣然給他連續三個應筊！

我們約定兩週後舉辦化解因果法會，請他到時再來台中。

這時，菩薩跟我提醒：「舉辦法會時，你要預防安全，避免冤親債主出手傷害事主。」

兩週後，年輕人再度來到台中，參加化解因果法會。

現場準時焚香，恭請菩薩，並請地府將軍引領冤親債主來到現場。

冤親債主正是那位全身紅的女子。她一到現場，看到事主馬上怒火中燒，並且狀告菩薩：「我才是受害人，為什麼我竟然變成被告？」同時，她的怨念之氣竟然可以將男子身體懸空提起，令人感到詫異。

我趕緊勸阻：「今天是菩薩特別安排，讓你有機會說明自己受到的傷害和委屈，也是能夠還給你公道的機會。如果你不能自我克制，那麼菩薩也沒有必要再給你機會！先停手，好嗎？」

此時，她才緩緩將飄浮在半空中的男子降回到地面。現場協助的學生們見到這種景象，驚嚇不已！

我趕緊開口緩和現場，「請你坐下，好好說明自己的委屈，讓在場所有的菩薩知道，好嗎？」

同時，地府的判官也提供兩位當事人的生死簿給我，讓我參閱。

原來他們兩人在許多世以前出生於唐玄宗主政時代，女生姓殷，是一名中藥商的獨生女兒，愛上了自家雇傭的年輕員工。

因為門不當戶不對，他們的感情遭到父母親強烈反對，她依舊不肯妥協。後來父母逼迫這位員工去職，豈料她竟然離家出走，跑去找那位員工，讓她的父母情緒激動到活活氣死，雙雙去世。家中管家趕緊派人外出尋找女兒，之後終於在男生家裡找到獨生女。

她匆忙回家，辦了雙親的後事，然後把員工請回家住。她一邊幫忙家中的中藥鋪，一邊也盤算，等父母往生週年後，就要嫁給這位員工，且規劃藥鋪的採購、補貨就交給員工去處理。

然而，這位準夫婿每次採購補貨時，外出的時間愈來愈長，而且開銷也增加很多，讓小姐心中起疑。她明查暗訪，才發現自己的準夫婿在外流連風月場所。

她多次相勸男方，希望能夠改過，但結果任何努力都無法挽回準夫婿的心。她不由得想起父母親當時反對這段感情時所告戒的話，感到後悔莫及。她默默地做了一個決定，並決定只再給他最後一次機會。

不到幾天，準夫婿又找理由要外出採購，這時，她沒有苦苦相勸，只問他：「你什麼時候回來？」

他回答：「一週後。」

她說：「如果一週後沒有回來，家裡將會發生令你震驚不已的事情！」

男方當下沒有當一回事，頭也沒有回，就背著隨身行囊出門，之後依然夜夜笙歌，完全沒有絲毫愧疚之心。

十天後，他返回家中，遠遠看見家宅大門外的一顆榆樹上，掛著一具全身穿著紅衣褲的女人。從門外到屋內廳堂都佈滿了喪帳白簾，所有的家僕都身著孝服，跪在榆樹前，面向樹上的女主人。

準夫婿震驚不已，雙腿一軟，不自主跪在榆樹下，臉色慘白，顫抖不已。

管家走到他面前，跟他說明，小姐已經把所有的家產全數捐贈官府，佈施所有貧困的鄉親，所有的家僕也全部解職返鄉。男方要做的只有辦完小姐的後事，然後留下身上所有的財物，淨身出戶。

準夫婿一直不停用頭撞擊地面，直至血肉模糊。

等他動作停止後，管家轉交一封信給他，是女方留下的遺書。

他打開信紙，紙上的字是暗紅，是女方用自己的鮮血寫的，字跡清晰，大意上是：「我要用我的今生今世、來生來世、生生世世懲罰你的無情和負心，讓世人永遠唾棄你！」

女幽魂說完故事後，年輕人當場嚎啕大哭。

他不斷用拳頭左右重擊自己的頭，跪在地上，向他前世的未婚妻深深懺悔。

年輕人的真心令人相當動容，不僅我流下眼淚，在場所有的神祇、菩薩和幫忙法會的所有人都是。

等情緒較緩和後，我擦乾眼淚，告訴這個執著的女孩：「萬金難買真知錯，人非聖賢，孰能無過？他已經真心認錯了，你也歷經了一千多年的折磨，今天換來這樣真誠的悔悟，不僅值得，你也可以原諒他了。」

只見女孩轉頭，低聲啜泣，遲遲無法開口。看她的動作，就知道她已經原諒了。

菩薩說：「原本你所犯下的罪行確屬重大，但念在你歷劫一千多年，實所不易，而且生前將所有家產如數捐贈貧困人家，善念未泯！故而給予自新的機會，重新為人，造福人群三世不歇，方得除罪！」

她此時跪在菩薩面前行大禮答謝，「謝謝菩薩！」

然後，地府將軍護送她回轉輪殿，準備轉世投胎。行前，她眼神瞥向我，感謝我的協助，我微笑回應！

這場法會結束半年後，我接到年輕人的來電，他說：「我已經結婚了，我和我家人都非常的高興。不過奇妙的是，未婚妻似乎有點似曾相識，說不上來。」

我會心一笑，告訴他：「好好把握幸福！」

孫兒是毒蟲，背後原是家族三世業障

有一天，我接到一通電話，是一位七十多歲的老婦人打過來的。

她簡單自我介紹後，跟我說明來電的原因：「能不能請您幫我看看我的大兒子？他今年四十九歲，染毒癮又不成器，為什麼會這樣？」

我問她：「是誰介紹你找我的？他們有沒有告訴你，要找我幫忙是有規定的？」

她說：「我知道，我有預先到大廟去求地藏菩薩同意，得到三個聖筊，才敢打這通電話給您。我有生兩個兒子和一個女兒，是透過小兒子住在台中的孩子，也就是我的孫子，依照菩薩指示的方法，才連絡找到你。」

我很快請他說明情況，她說明完大兒子的狀況後，我請她留下她和她孩子的聯絡資訊，等我清楚了解後再回電給她。

我先請示菩薩，確認她是否有確實請示過，菩薩表示婦人確實有請示，然後跟我說：「那位婦人，她的兩個孩子，以及她的前夫，這四個人之間有極為複雜的因果關係。他們互相之間都有三世的因果糾葛，怨恨極深，不容易解開。」

現在想起來，這件事也是我多年碰到的因果問題中，處理起來最困難的案件。每個家族成員都有自己的問題。

大兒子五歲時，被住家附近不良少年引誘吸毒成癮，之後被他們控制販毒。雖然強制勒戒很多次，但從沒成功，一直到今年四十九歲，依然偷偷吸毒，甚至為了購買毒品而製造槍械，把整個家庭搞得雞飛狗跳。

女兒原本生性平和，但嫁夫生子後，性情丕變，不僅花光了丈夫所有的積蓄，甚至騙光自己親生母親的私房錢，最後還因為利益的關係害死了自己的夫婿，遭到判刑入獄。

父親則是因為和母親感情不順，父親成天吃喝嫖賭，酒後經常家暴母親及孩子，平常也根本不管家人的死活，在孩子都很小的時候，父親就強迫母親簽下離婚協議，丟下他們母子四人，在外面另組一個家庭。家裡的生活完全靠母親在外工作，用所得養活三個孩子。

為了要找出他們彼此怨恨的成因，化解因果，我請求菩薩同意，請地府閻王殿借閱他們一家這四人的生死簿，並獲得菩薩同意。

我看完生死簿的記錄後，一切記錄都令我瞠目結舌，這一家五口中，竟然有四人的因果糾結在一起，而且每個因果都連結了三世，形成了一個解不開的結，使得這個家分崩離析、相互報仇，縱然已經歷三世，卻依然無法降低相互之間的怨恨，這是何其悲慘的事情。

他們的因果詳細如下。

這一世的父親，在前一世遭遇前世的母親背叛自己，和他的換帖兄弟勾搭私情，被鄰人發現後揭發。他憂憤難忍，含恨暴瘁而亡，所以在這世狠心地拋棄孩子的媽及所有的孩子，以便復仇。

而前世的母親則是報前兩世父親的仇。前兩世的母親原是男性漁夫，在一次大洪災中行船過江，救了被洪流衝入江中、險些溺斃的前兩世父親，兩人之後成為好友，但前兩世父親忘恩負義，竟然覬覦侵占漁夫祖產，致使漁夫終日鬱鬱寡歡，積勞成疾，含恨病故。

這兩人因果業報的源頭則源自前三世，他們原為親兄弟姊妹，因為家族龐大，所有後代均覬覦豐碩的祖產，明爭暗鬥，最後由三世前母親所領頭的小團體獲得先機，獨吞所有祖產。

三世前父親憤恨難平，一把火燒了祖宅，卻也導致自己卻身陷火海。經家人救出後，他雖保全性命，卻也失了半條命，最後在執念與健康的雙重影響下病故，死時一直不願瞌上雙眼，也就是死不瞑目。

這對夫妻的大兒子與女兒，在三世的過程當中也涉及到他們的因果，自然捲入業報的紛爭之中。接下來說明大兒子及女兒自己的因果業報。

大兒子前世喜歡啖食虐殺小動物，不信因果、不敬神佛，常常極盡羞辱修行僧侶。他有一次在神佛廟會祭典上，公然侮辱神佛，遭到突然倒下的木樑壓斷雙腿，可說遭到天譴。然而，經此教訓，他卻更加怨恨神佛，生生世世不知悔悟。

女兒前世喜好詐騙親朋好友與無辜善良的人，又亂性好賭，不知悔改，最後遭被害人暗中擊殺，曝屍荒野。

他們的荒謬行徑造下累世的果報。

全部了解後，我打了一通電話給這位老媽媽，告訴她所有的情況，也跟她說，她離婚很多年的前夫在今年的十月中旬因病往生了。

接著，我跟她說解決方式：「要化解這段因果業緣，必須要涉及的四人都願意真心認錯懺悔，那麼才有可能。

然而，現在主要關鍵人的前夫已經在一個多月前往生了。

而你的大兒子如果沒有戒除掉毒癮，也都不能算真心懺悔改過，所以我們也不可能出手幫助他。

女兒則是因為謀殺罪入獄服刑，無法取得真實的心證，自然也無法幫助。所以，唯一可以幫助整件事的，就是你自己。你必須先行認錯、懺悔、改過向善，肯請菩薩原諒，才得以幫你暫時阻斷大兒子對你的報復騷擾。解鈴還得繫鈴人，解決的最好方法就是主要的當事人去真正勸化，感動他們，讓他們真心原諒，否則這個業報是不可能停止下來的。」

她終於清楚了解這一切因果業報的來源，也向我承諾會懺悔改過。

我想，我們寧願多積德造福，也絕對不要行惡造孽，因為付出的代價是我們自己無法想像的。

七隻剛出生的小狗向河神的控訴

這則故事發生在苗栗，有一位女士幾年前下嫁一位波蘭籍的先生。他們很期待能盡快生育後代，傳承原本就單薄的家族。但是努力了幾年，並沒有積極的成果。雖然他們陸續到醫院檢查身體，但是都沒有發現有明顯阻礙生育的情形。

經過家人建議，夫妻兩人跟父母商量過後，先生千里迢迢帶著太太，回到岳家等待著跟我見面。他們想請我幫忙找出可能影響的原因，並且請菩薩能夠幫助他們擁有後嗣。

當我了解他們的狀況之後，我便請示菩薩，獲得同意，安排因果法會查明真相。

法會當天，首先舉行男方家族背景的查詢，因為調查需要透過菩薩同意，召請男方往生的祖靈到台灣來。

靈界沒有距離、速度及空間上的限制，為了方便溝通，所以我方特別邀請代表天主、基督教最重要的神祇：上帝耶和華前來協助。

祂習慣性穿著白色的羊皮襖外套、銀白色頭髮和滿臉的銀白色鬍鬚、光著腳、手上拿著一枝牧羊杖、背著一個羊胃囊做的水袋，引導第一批先到的波蘭祖先。

在這些祖先中，其中竟然有一些從面相就可以感覺出來具有蒙古、非洲，英國人的血統，猶如民族大融爐一樣，令人嘖嘖稱奇、瞠目結舌，這就是人類基因繁衍的奧妙！

他們家族的緣起牽涉到歐洲十字軍東征，蒙古忽必烈征服歐亞的歷史，所以顯得格外複雜。因為這樣，加上民情風俗習慣，他們沒有祭祀祖先的慣例，所以嬰兒的出生率相對要低很多。

由於溝通過程涉及五國的語言，所以我改以超感應直接協調。經過耶和華的溝通後，他們同意把他們家族往生而尚未投胎的祖先安排投胎轉世。

受到超渡的外籍祖先受到感動，一邊留著眼淚，一邊對著菩薩直點頭，顯示出了答謝之意。這時，我才感受出來什麼叫做「天涯若比鄰」！

超渡的法會結束後，緊接著登場的是化解太太前世的因果業報，我點上了臥香，請地府菩薩引導這位太太前世的冤親債主，沒有想到出現的竟然是累世以前認識的菩薩朋友。

以前大家都稱他為小靈童，是位修為很好的菩薩。祂也是很少數獲得地藏菩薩同意，有機會到地府去學習、見聞、服務的菩薩！

我問祂：「今天你是替誰申冤？」

祂說：「替七隻小狗申冤！」

當下我楞住了。

修行這麼好的菩薩，為什麼要替七隻剛出生的小狗申冤？顯然內情並不單純。

祂說：「有一位河神在自己的管轄河裡發現了七隻小狗，剛剛出生就遭人丟入河中淹死！因為這個行為太過殘忍，所以祂想幫牠們討回公道。」

為了理解緣由，我邀請小靈童所說的河神前來說明。

河神說：

「有一天下午，我沿著自己管理的河道逆流而上，不經意發現河面上陸續出現小狗們，一連撿到了七隻小狗的屍體。牠們剛剛出生，卻遭到溺斃。

我很難過，把小狗的屍體帶回家，並召來小狗的靈魂，問清楚到底是誰害死牠們。小狗說：是一位住在上游村子裡的女孩，把牠們丟到河裡，害牠們淹死。

所以我就找在地府服務的小靈童菩薩，為牠們申冤。」

我認為這裡面一定有蹊蹺，為了便於更透澈了解整件事情的緣由，我同時邀請了當時任職於女孩住家地頭的土地公、地基主們一起前來作證。和祂們洽談後，祂們所提供的訊息與河神的證詞相同，對這位被告的太太相當不利。

但是，我仍覺得事有蹊蹺，只是找不到關鍵的直接證據。

這時候，菩薩來到我身側，跟我說：「先去了解女孩家境和人緣風評，以及從當地居民的飲食風俗習慣著手。」

菩薩一下點通了我。於是我請求土地公、地基主針對這部分多做說明。

土地公說：

「這個女孩是獨生女，父親早逝，由母親撫養長大、家中另外尚有一位高齡的老爺爺。她家境貧困，還要照顧臥病在床的母親及老爺兩人。

家中的生計，除了靠向鄰居借種一小塊農地，耕作後有一些收成，另外就只能依靠上山去砍柴、打零工換糧食，或變賣柴火來維持。

這個女孩是村裡有名的孝女，雖然這個村子裡大家的環境都並不好，但是看到女孩的家裡比其他人家更差，所以村人還是會主動施捨，多少幫助他們家。

這個村子是在廣東境內靠近山區的地方，居民們的飲食比較興好野味奇食、尤其更偏好香肉。他們把香肉視為珍肴美味。」

我聽到後，知道找到了契機，於是又再問河神、地基主：「你們有沒有看到狗媽媽？」

祂們都說：「不知道！」

接著我又問：「有沒有可能，牠出去覓食，遭到居民獵殺打牙祭了？」

祂們點頭，說：「很有可能，因為這裡的居民很喜歡這一味！」

這時，菩薩告訴在場的人：

「剛才我有問過女孩，為什麼要把七隻小狗丟進河裡，讓牠們淹死？以下是她的說法。」

狗媽媽在我堆放柴枝的地方生下了這窩小狗，然後可能肚子餓了，跑出去覓食，但是已經好幾天都沒有見到回來，所以我知道可能兇多吉少了！

我家裡太窮了，人都吃不飽，哪裡還有多餘的口糧可以拿來餵養小狗？如果這窩狗沒有媽媽的哺乳，最後也會餓死的。

而且如果牠們被村裡的人發現了，下場一定會是祭五臟廟，所以我最後才決定把這七隻小狗丟進河裡，讓牠們淹死，至少還可以留個全屍、留點尊嚴！

這也是不得已的決定，我實在不忍心把小狗一隻一隻勒死！希望菩薩可以原諒我不得已的選擇和苦衷，我知道任何的生命都必須被尊重，所以我願意向菩薩認錯！惟因家中尚有一老一病需要照顧，否則性命堪慮，待責任盡了，我願意承擔所有的責任和刑罰！

這時，地府一殿的秦廣王開口，告訴大家：「女孩所為雖然剝奪了小狗的生命，但是如果不出手干涉，這七隻小狗依舊無法挽回生命，而且也有可能引發人性口腹的貪慾，結果依舊不變！所以女孩的出手確實是出於慈悲及尊重生命為導向。依據天理、地律，不應責罰定罪。」

閻王立即下令撤銷追訴，七隻往生的小狗重新安排投胎！

此時，小靈童、河神及七隻小狗的魂魄沒有再表示任何意見，所以在場的菩薩都對閻王判決讚許，也鼓掌對女孩沉冤洗清而高興。這就是天理昭彰、賞罰公正！

生命是無價的，無論是什麼界別、什麼種類，都必須被尊重，但是我們也勿需無限上綱，任何生命、任何事情都必須遵循、尊重天地間的法則與道理！因為給了往生祖先一個機會，女孩前世的因果冤情得以昭雪，但願年輕的小兩口可以如願以償擁有自己的血脈至親後代！

也願這一則真實發生的故事提醒世人：事情無分大小輕重，貴在原則及「尊重所有的生命」理念。多行正道，廣行佈施，為自己累積福德，是不變的道理！

書到用時方恨少、福到用時方知少，我們每個人累世所有所做所為其實都已經清清楚楚記錄在自己的個人的生死簿上。有錢難買早知道，當面臨重要的關鍵時刻，需要用到的時候，才知道累積福德的重要！

靈界家族在少年臉上主演的川劇變臉事件

這件事發生在台中的一個單親家庭，有一位母親養育二子一女，大兒子18歲，女兒16歲，小兒子14歲。母親做傳統美容院的工作，為了養活一家人，她一天大部分時間都在工作，平常沒時間來照顧、教育三個孩子，導致孩子有時會交到不好的朋友，容易闖禍、出現青春期時心理、情緒的問題。

不過今天的故事不僅如此，這要說到他大兒子的劇烈變化。

有一段時間，大兒子情緒比較反常，晚上睡覺時也有激烈的夢魘。

起初，母親沒有太在意這種情形，但這孩子開始變得沉默寡言，常常一個人躲在房間裡面自言自語，脾氣和情緒也變得很不穩定，常常出現暴衝的行為。於是，母親打電話給我，想請我幫助她了解孩子的情況。

我要求母親先帶孩子去看身心科醫生，另外提醒，孩子若有特別反常的行為，一定要打電話給我。

孩子看完身心醫生後，有一段時間沒發生不正常的現象，直到兩個月後的一天，早上十一點鐘，我接到這位母親的電話：「孩子出了狀況，拜託你趕快到我家幫忙處理。」

剛好這天我安排的工作地點就在他們家附近，很快到了。一進入門口，我立即趕到三樓。看到現場的情況，我馬上用特殊的咒語安撫依附在孩子身上的亡靈，請他們先暫退一旁，不可輕舉妄動。

這時，亡靈才暫時停止騷動。

孩子的母親跟我說：「大兒子早上出門後，十點半左右回家，眼神開始變得異常詭異，雙眼吊吊的，顯現出極為兇惡的面相。」我知道那是惡靈上身之兆。

母親繼續說：「幸好，今天有位好朋友到我們家裡聊天，恰好可以幫忙。我很快尾隨兒子上樓，看見他上三樓時，還扯下一條220v的電線。他將電線其中一頭圍繞在自己的脖子上，另外一頭則固定在牆壁的柱子上，作勢準備想要踢破三樓的落地玻璃門，然後一躍而下自殺！這時，我迅速從後面抱住兒子，壓制住他，並叫那位朋友上樓協助！」

我了解狀況後，開始嘗試和亡靈面對面溝通協調，這才發現大兒子的身上總共依附了五位亡靈。

我請他們派出其中一位作為代表，以便協調。來的是一名男性，他說：

「我們是一家五口，而我是家族的男主人。

我們一家五口在前世時，因為家庭富裕，被這個男孩帶領的三人犯罪集團覬覦龐大的家產，因而引誘我們家的兩位長工裡應外合，奪取了全數家產，之後還把我們全家以及背叛的兩位長工全部殺害！

現在，我們全家五人都已經取得地府開出的閻王令，一共五張，隨時隨地都可以取他們的性命！希望你們不要來阻礙我們報仇。」

男主人又問我，「你是誰？跟在你身邊的這些人又是誰？」

我告訴他們：

「我是孩子母親的朋友，因為剛好經過此地，接到這位母親的電話，所以前來了解、幫忙，並沒有任何惡意。我本身是跟隨菩薩修行和助人的修行者，而在我身邊的就是我跟隨學習的菩薩。

我知道你們取得閻王令，外人是不可以插手干預的！只是想知道你們是否需要幫助？」

男主人說：「不需要！我們已經取得這個集團其中一個人的性命了，這個男孩是第二個要報仇的對象，而第三個是住在北部。我們取了這個男孩的性命後，就會前往北部收拾最後一個元兇！」

這時，這五位慘死的亡靈突然陸續情緒失控，輪流轉換現自己的面相在男孩的臉上，表現出他們受害後的委屈和痛苦。

那個情景就像現場播映川劇變臉的場景。連同男孩本身的臉，總共六張臉譜不停更換、不停吐訴苦衷，聽得在場的菩薩及旁觀的人都為之動容。

我們都難過、感動地流下了同情的眼淚——為何他們會遭遇到這麼悲慘的際遇。

就這樣，他們輪流傾訴了一個多小時，終於停下來了，又回到原來男主人身上。這時菩薩對我使了眼色，要我自行發揮，說服他們選擇原諒和放下。

我告訴男主人：

「雖然在這次遭遇中，你們全家是受害者，而且你們和加害人之間並沒有存在前世的因果關係，但是，這次的劫難卻是你們自己另外的前世果報所引發的結果。你們依舊還是脫離不了自己的因果業報，只是當事的對象和時空背景不同而已。

現在你們報了仇，取了他們的性命，他們必定懷恨在心，伺機報復。即使你們可能再次獲得地府給予更多的閻王令，卻都無法再挽回自己逝去的一切！

如果要真正脫離自己因果業報的關係，不再有任何牽扯、糾纏，那麼必須先從自己誠心認錯、懺悔、改過以及放下，並且要真心原諒他人，才有可能超脫，否則永遠無法斷根！

所以我會真誠的建議你們『當下即是』——選擇放下、選擇原諒，讓自己未來的生生世世不會再存活在自己因果恐佈糾纏的夢魘當中！

只要你們原諒了嚴重傷害你們的人，你們所展現的胸襟氣度與慈悲，等同於修成正果的神佛菩薩！你們真的需要好好地深思抉擇！」

這時，現場的氛圍突然降到了冰點，寂靜了很長的一段時間。

突然，受害的五位亡靈全部現出完整的靈像，跪在菩薩的面前啜泣失聲，並且不斷向菩薩感謝。

他們一直呢喃：「我們懂了……我們懂了……我們真的懂了！」

最後在菩薩的保證下，前世加害者的男孩也感動地向被害人全家鞠躬，並不斷說：「對不起！對不起！」

這時候，我向菩薩提議：「因為被害人家族的覺悟，原諒了所有的加害者，也真心懺悔、改變自我的自性業，值得娑婆眾生的學習和敬仰，我們能否建議在地府的東嶽殿大廳石壁刻上這個家族的名字、善績和悟性，供後人瞻仰？」

這個建議獲得菩薩的同意！

歷時近三個半小時的協調，讓整個事件有了１８０度的轉變，也重新給予這個年輕人改過自新的機會，最後轉悲為喜收場。感謝菩薩的慈悲與智慧，感動了無明的眾生，迷途知返，獲得重生。蒼天有心、眾生有福！

之後，這位前世的加害人真的改過自新了！整個人也改變成為積極有為的年輕人。自助、人助、天助！

城隍廟的乞丐原是前世作惡，致此世受懲罰

有些嚴重禁忌的錯誤是不能碰觸的，如果觸碰了，不僅在世時可能受到懲罰，往生之後更可能面臨可怕的業報。

人類的法律在執行上是有可能被收買的，比如法官、警察都有可能因為被收買，而違背自己的良心和工作的本質。但神佛不同，祂們的尊嚴和原則是絕不容許侵犯改變的，所以當人往生了後，所有法律的問題全部都會交回到地府，由公正無私的菩薩秉公處理。以下事情可說是禁忌的錯誤：

一、惡意毀謗神佛菩薩。

二、假借神佛菩薩之名行傷害人命，貪婪圖利自我之實。

三、欺師滅祖，忘恩負義，毀謗師門背骨行為者。

四、蓄意破壞宗教寺廟建物及供奉的神佛金身、佛像法器，與加害、羞辱修行出

家僧眾行為者。

五、有惡意習慣性傷害生命（所有具生命力的靈界生物）的行為，而且毫無悔改之心者。

六、以販賣毒品、槍枝刀械，與惡意設局詐騙恐嚇他人為常業者。

七、掌握人命生死大權的政治人物、民意代表、法官或具有公權力的執法人員，因自身貪婪、濫權，導致人命死亡者。

以上這七種行為的刑罰最為嚴峻，基本上，犯了上述七種罪行的人完全沒有任何寬恕脫罪的機會，直接被打入無間地獄，永無出期，反覆在無間地獄受盡最殘酷無情的12種刑罰，永無停止之日。

會說到這部分，是因為想到昔日的一個故事。

我常去一間城隍廟禮佛拜拜，幾乎每天過去時，都會看到一位衣衫襤褸的老乞丐，準時在早上七、八點時到城隍廟門口乞討，到了傍晚前他就會離開。這樣的情形過了很多年之後，有一天他突然人間蒸發，過了很久，我都沒有再看見過他。

我請教城隍廟的老廟公，他跟我說：「他這世責罰的天年已經屆滿了，所以回去無間地獄報到了。」

我問廟公：「為什麼他的際遇這麼坎坷。他孤苦伶仃、沒親沒故、一身病痛，又得靠自己每天乞討過日子，到底前世他做了什麼樣的錯事，要受到這麼嚴重的懲罰？」

廟公說：「其實他的年齡比我還大。很久以前，他會先去其他地方的菜市場去乞討及撿食剩食，再來城隍廟向菩薩懺悔並且休息。不過，因為菜市場的環境衛生不好，所以他經常會發生腸胃疾病，所以不得不另外選擇乞討地方。

後來他就移轉到城隍廟來，因為前來拜拜的信眾都會帶很多不同的供品，這些食物也比菜市場的乾淨多了。每次乞討之前，他都會很虔誠地向城隍廟裡供奉的神佛菩薩禮佛，真心懺悔，並請求菩薩能夠給口飯吃。當他離開時，也會做一樣的程序來答謝菩薩的慈悲恩澤。

他乞討時，都是找廟外最不妨害也最不起眼的地方，很有禮貌地向信眾乞討，因為沒有造成他人困擾，所以我們廟方就睜一隻眼閉一隻眼，讓他留下來。他停留乞討的位置始終都保持很乾淨，漸漸的，他也成為了城隍廟特有的風景。」

廟公曾經特別請示過廟裡的主神城隍爺，從城隍爺的口中知道了這位乞丐的身世，以及他的前世因果。

原來老乞丐累世之前，曾經是一位寺廟出家的僧人。他表現出眾，深受住持師父的器重，將他視為未來當然的承接弟子，他也因此意氣風發，驕傲到不可一世。漸漸的，他的言行也引發寺裡很多人的反彈，也讓住持師父對他心灰意冷，自然失去了對他的期望。

他對情勢的改變，非但沒有虛心檢討自我改進，反而一不做二不休，開始設計陷害誣陷住持師父，逼他退位「淨身出戶」，含恨離開佛寺。

後來，這位住持師父無法接受被自己一手提拔的弟子陷害入罪，寺裡又沒有人願意出面伸張正義，一時想不開，選擇投河自盡證明自己的清白，結束了自己出家修行的一生。

由於他的死因是「出家寺廟住持師父尋短」，嚴重違反了佛法的戒律，為此驚動也震怒了三界的神佛菩薩，於是菩薩下令全面調查，讓這件事情水落石出，終於還給了這位住持師父一生的清譽。

而陷害他的弟子，很快就受到了三界業報——打入無間地獄，永無出期，重覆受到無間地獄最嚴苛的12種刑罰。而且每十世之後，再轉生至人間，重覆重演一次當年陷害住持師父的過程，再讓他回到城隍廟前，每天向神佛菩薩誠心懺悔後，再向世人乞討裹腹，過著一無所有的日子，讓自己受到世人的唾棄，直到這世生命走到了盡頭的那一天，再回到無間地獄面臨另一次十世的酷刑懲罰。

就這樣，他不斷重複的懲罰已經不知道累積了幾個十世，至今依然未曾停止過。

雖然上天有好生之德，大多會原諒做錯事情的眾生，但是如果我們不能知過悔改，給再多的機會也是罔然的。何況，如果犯下不可饒恕的錯誤，不但無法赦免罪刑，反而更會加重刑罰！

天地是公平無私的，我們自己所做所為的果報，也只有我們自己才能夠解開。所以要用什麼樣的方式理念去面對自己的人生，也只有自己去決定。

前世親情悲劇造成女兒聽力及注意力問題，無緣哥哥送予一魂使妹妹恢復正常

這次故事的主角是一位單親媽媽。她還是女孩時，愛上了一位已經有家室的男生，不小心擦出了愛情和生命的火花。然而，這位男生不肯負責任，拒絕安頓處理女孩和肚子裡的小孩。女孩失望之餘，悄悄的離開了那位男性，她決定獨自一人把孩子生下來，撫養長大。

這孩子是個女孩，出生後，隨著時光飛逝，小女孩逐漸長大，長相甚為可愛，很令母親安慰。有一天，母親帶著可愛的女兒去美容院修剪頭髮，此時，幫她剪頭髮的

設計師無意間發現這個小女孩可能有其中一耳聽力有障礙，而且發現她的精神無法集中，於是悄悄告訴了母親。

母親就帶著女兒去醫院檢查與治療，但是效果不甚理想，且聽力障礙也造成女孩在成長過程中的身心影響，讓她的脾氣暴躁易怒，不容易和別人溝通相處。

轉眼間，小女孩成年了，但聽力障礙和注意力集中問題依然沒有改善，這也造成母親心中永遠的痛。母親認為是她沒有照顧好孩子，造成這樣的結果，所以在很多事情上都盡可能寬容，原諒做錯事情的女兒，卻不知這樣的做法反而讓女兒得寸進尺，導致母女之間嫌隙愈來愈大，而且女兒經常會和母親發生爭執。

她經常故意拒絕接受母親善意的提醒，尤其是希望她不要被詐騙，但是後來，女兒還是被騙走了所有的積蓄，而表現出來的態度卻是依然故我，於是女孩的母親就求助於我，期望能夠幫助這個孩子，

此外，女兒有時會突然嚴重魂不守舍，而她自己卻完全不知道自己在幹什麼。

要辦這件事情，必須查清楚女孩和母親的前世因果，這得經過主管菩薩的同意，才可以請求地府借閱前世的因果相關記錄資料。

我要求孩子的母親至住家附近的大廟，請示神佛菩薩同意，並且要連續獲得三個

聖筊，才可以舉辦化解因果法會。

天下父母心，母親誠心請求菩薩，終於獲得同意，允諾了三個聖筊。於是我們便安排化解因果法會的時間。

法會當天，我奉菩薩之命，邀請三界主管單位（菩薩）及女孩、母親兩人的冤親債主。

首先到場的是三界主管的菩薩，最後入場的是由地府將軍引導入內，是一位男士和一位女孩。地府第一殿的判官提供了相關人的生死簿等資料供我參考。

當下，我要求這兩位男女坐在我面前，我看了一下他們的面孔，接著翻開生死簿，核對他們的身份，才知道他們竟然是父女。更令我驚訝的是，他們就是這世的女孩和父親的前世，他們竟然活生生出現在我的面前？

我勉強忍住了心中的震撼，查核身份無誤後，我開始指著坐在我旁邊的母親，問他們父女是否認識她？

他們一起點頭，並說出了她前世的名字，確實和桌上生死簿上前世的名字完全符合。

我開始翻閱他們三人的生死簿記錄，來了解他們的前世因果。

原來，這位母親前世出生在製造布料販售的富裕家庭，又是獨生女；男生則是他們家請的長工，年齡和前世母親相仿。時間久了，雙方滋生愛意，女方有了身孕。然而，因為他們之間沒有門當戶對，所以女方家長極力反對，並把男生立刻逐出家門，決定待孩子出生後，再把孩子還給男方，順便給他們一筆錢，從此人隔兩地，不再有任何糾葛。

當孩子生下來後，女方便派人送回女娃，再雇車把他們父女連夜送到遠離家鄉千里之遙的北方，從此就如同人間蒸發，再也沒有他們的消息了。

這位父親因為對當年的際遇耿耿於懷，以致抑鬱成疾，就在女兒滿18歲的那年，因病重離世，留下孤苦伶仃的女兒。

自此，女兒怨恨生母薄情寡義，心起報仇之念，於是到處遊走寺廟佛院，向神佛菩薩請願申冤。

有一天，她來到一個村莊前，看到大樹下有一座小廟，供奉城隍爺，於是她點起了香，跪向城隍爺，道出滿腹委屈，淚水忍不住流出，希望城隍爺能夠還給他們父女公道，並懲罰無情無義的母親和她的家人。她許下承諾，如果城隍爺肯出手幫助平反，使惡人得到天理懲罰，她將願意生生世世做牛做馬來報答城隍爺。

這時，天空突然亮起了一道閃電，接著響起了一道震耳欲聾的雷聲，她以為菩薩聽到了，這次一定會為他們平反。

但是天不從人願，她請示的城隍爺神像裡並沒有真正的城隍爺聖魄，而是冒充城隍爺的鬼王化身而成。它收到女孩的願望，便得以生生世世控制住女孩的魂魄，對她予取予求，永世都無法逃離控制。

我了解整件事情的真相後，我代表菩薩，向他們父女道出事情的真相。

「你的母親當年是被父母親欺騙，並強迫接受這樣的結果。即使她努力反抗、絕食、尋短，都無法改變父母親的決定。最後，她忍辱負重生下了你，之後決定不會再嫁給任何人，如果敢強迫把她嫁出去，她就結束自己的生命，意志堅決到完全沒有緩和的餘地。

所以她前世一直到自己生病亡故，都沒有再嫁給別人，因為她心裡一直掛念的就是你們父女，她並沒有對不起你們！」

我還找到證據說明真相。他們父女接受後，流下了感動的眼淚，原諒了她。至於小女孩魂魄被鬼王控制的部分，需另外請東嶽殿派員清查當時那位鬼王的下落，再決定如何處理，所以這個案件就等再議。

沒想到這件事情沒過幾天，母親向女兒說她處理詐騙集團的方法不對，之後女兒竟然怒火中燒，作勢要攻擊母親，眼中散發出兇狠邪惡的眼神。

母親從來未曾看過的情景，她知道這個孩子出大問題了，於是立刻打電話給我告知情況。

我首先要她把電話拿給女兒聽。我一方面安撫女兒，另一方面運用超心靈感應，與她身上的邪靈溝通，希望它不要再繼續影響女孩，希望明天能碰面了解，並且當場解決問題。

邪靈當下並沒有答應，但也沒有拒絕，於是我丟下一句話：「希望你不要把事情搞到捻斷掉自己的後路！」

然後我請女兒把電話交還給母親聽，相約明天早上碰面洽談。

掛上電話後，我向菩薩稟告這件事，祂點頭首肯，並提醒我重點。

第二天早上，我們如期碰面，我邀請女孩身的邪靈出來見面。

它終於現出真身，並說明情況：「原本的鬼王因為欠債，所以把女孩的所有權讓給我，但是女孩魂魄在轉移時，其中一個魂魄已經不在身上了。不過，就因為只是抵債，況且我還有其他運用，並不會影響到我的權利，所以我也沒有再追問下去。」

這時，地府東嶽殿的判官到場，向我們說：「我們已經找到冒充城隍爺的鬼王，它現正在阿鼻地獄服刑中。」

為了確認女孩魂魄的事情，所以我請東嶽殿判官，陪同到阿鼻地獄，找到當事人鬼王。

它說：「當時獲得這女孩的魂魄後，沒多久來了一位法師，出價買了女孩的一魄，但他沒說什麼用途，就帶著女孩的魂魄匆匆離開了。至於去了哪裡，我就完全不知道了。」

我確認鬼王所說的是實情，就沒有再耽擱，立刻返回現場。

我們正常人有三魂七魄，當這一世往生後，投胎時，地府第十殿轉輪殿會把我們其中的一魄留下來，它可以遊走在地府、墓地（塔位）和祖先牌位，受到後代子孫的奉侍。而原來的三魂六魄於投胎時，地府會再補一個新的魂魄，總共三魂七魄一起投胎轉世。

我向菩薩稟明事情的結果，這時菩薩開口，問這位母親：「你在生下女兒之前，是否有拿掉一個胎兒？」

母親點頭。

菩薩說：「這個孩子沒有選擇投胎轉世，而是跟隨地藏菩薩去修行。他原來留在地府的那一魄，正好可以留給自己的妹妹，讓她可以正常生活。」

我恍然大悟。

這位母親掉下感動的眼淚，跪在菩薩面前，向菩薩叩頭答謝。

最後，我誠摯奉勸這位邪靈要誠心認錯懺悔，保證不會再重蹈覆轍，在未來的日子裡多行正道，修德積福，才是正確的選擇。

之後，這女兒接收了無緣哥哥的魂魄，讓她完全恢復正常了。

母親對女兒的愛，讓她鍥而不捨地解決問題，她的精神終於感動原本頑固的女兒及無緣的丈夫，也讓女兒恢復正常。這樣不放棄的精神，也是對我們很好的提醒。

四、家族故事

父親因怕遺產分配產生紛爭，而嚥不下最後一口氣

苗栗有一間專門收容被遺棄老人的慈悲寺廟。住持是我認識很久的良師益友。

他的大弟子有一位兄長，今年六十餘歲，因為罹患肝癌末期，病灶移轉到腦部及口腔，呈現腦死狀態，結果轉入加護病房後，竟然十七天都不肯嚥下最後一口氣。由於他完全沒有意識及表達的能力，所以家人無法幫忙完成未了卻的心願，於是央請住持，請託我北上台北，代為和患者溝通心願。

我北上到台北的醫院後，很快便到病房，見到家屬與躺在床上的癌末病患。

我透過心靈感應詢問他，才知道他的疑慮。患者有兩次婚姻，與前妻生下二男一女，現均已成年，現任妻子則生下一男。患者希望他留下來的遺產可以由這五人平分，但是按照現行法律規定，原配妻子可以先行獲得亡者50％的財產，剩下的再由四個子女去平分，由於之前的協議未果，加上病情嚴重急轉直下，來不及解決，患者惟恐親人鬩牆，是故無法放下罣礙。

我向他承諾，我願意代為轉達他的心願給家屬充分了解，他才同意放下，願於三天後清晨六時許離世。

果然三天後，患者依承諾過世了，由殯葬業者送進台北市第一殯儀館。不過，當殯葬師傅準備替亡者更衣，推入冰櫃時，師傅發現亡者身體腹部，也就是我們所說的丹田部位有隆起，有一團圓形肉團。他觸摸後，發現內部有股熱氣淤積不散。依民間傳統習俗，這代表亡者沒有放下心念，故不可以辦理喪葬，否則會讓亡者打入阿鼻地獄，不得投胎轉世。

他們立刻通知家屬，這情況需要送到修道院所誦經化解，因此亡者被轉送至新竹山區的一座修道院，請法師誦經超渡。

然而，經過兩天兩夜的法會之後，現象並沒有改善，亡者依然不肯放下。家屬眼見無計可施。又再次求助於我，請我勸化亡者。我依照約定，前往修道院幫忙。

到現場後，我發現大廳來了很多幫忙的師兄師姐們，為了順利處理，因此我請院方（家屬）協助，將現場一百多位人員引導退至會場四周，並要求噤聲不語，交給我單獨和亡者做溝通。

溝通期間發生靈異反應，亡者臉部本來就因為疾病而完全乾癟無肉，形同骷髏，此時臉部竟然面對我，雙顎不斷磨動，猶如與我對話，手腳也不斷揮動，這個情況憾動了全場所有旁觀的人。

經過努力溝通後，亡者終於被我說服，願意真正放下心結。

這時，我用右掌按在他的丹田部位，讓腹中的瘴氣排出，並在他的天靈蓋上結上梵語，請菩薩引導離開。

這件被託付的任務終於正式結束，我啟程返回台中。

幫助擔心家人被欺負的癌末病患溝通，讓他安心閉上眼

這件故事發生在我剛開始從業的時候。當時，有一位住台北的朋友介紹了他鄰居女兒請我幫忙。她的父親已經癌末，住在醫院的安寧病房。因為她父親知道自己不久就要離開人世，擔心離世後，家中雖有五個女兒，但沒有男丁，怕家人被欺負，已經整整17天未曾闔過眼。

父親病情嚴重，已經讓他完全沒有任何表達的能力，形同植物人，唯一只剩一對眼睛一直睜開著，長時間乾燥，讓眼球表面呈現白色的薄膜，但他不吃不喝，也完全不肯閉上雙眼。

家屬希望我能夠幫忙，請菩薩跟他溝通，讓他能夠安心放下。我們約好了時間，由他們住在台中的親人駕車，直接載我到位於台北的醫院。

行程前一晚，我請示了菩薩，祂說屆時會幫我開啟特別的能力，由我自己直接處

理。

約定的那天到了，我按時到了醫院，看見了這位父親以及在身邊的家人。

這位父親的面容很憔悴，眼神呆滯如白內障患者，我想他已經看不到東西了。

我把自己的雙手洗淨擦乾，心中默念召請咒，很快地，我就感覺到菩薩已經到了。

我要他的家人記錄我們的對話，我會用「雙翻譯」的方式，清楚記錄我們兩人這一段心靈對談，接著我靜下心思，閉著雙眼，用雙手輕輕握住他的左手，安靜地用自己的心念開始與他溝通。

我雖然閉著眼睛，但卻可以很清楚看到他的臉龐，如同我張開眼睛直接看著他一樣。不可思議的是，他完全沒有任何一絲的病容，這是他原本的靈體，可以跟我對答如流。

接下來，我問他：「為什麼不讓自己眼睛休息一下？」

他說：「我很擔心家裡沒有男生，只有太太和五個女兒，他們都很善良，家裡的環境也不是很好，我擔心他們被別人欺負。我努力用了很多方法，想要跟家人、醫生、護士溝通，卻都做不到，所以只能一直睜著眼，我害怕一閉上眼睛，就再也看不到家人了。」

我隱約可以看到他的眼裡泛出一絲淚光，也感應得到他內心那股強烈的不安。

我問他：「除了看到我之外，還有看到誰？」

他回答：「我有看到菩薩！」

我告訴他：「既然有看到菩薩，就代表從現在開始，菩薩會幫助你化解你的憂慮，菩薩已經交代我幫助你的家人，所以你可以不用再擔心了。你的元壽將屆，要放下不安的心，靜靜平安離開，這樣才能夠真正排除家人心中的罣礙，安他們的心。」

這時，他的臉上才稍微顯露出寬心。

我另外提醒：「當你離開的時候，必須讓家人很清楚地感受到，你走得很放心，很安詳，這樣他們才能夠真的放心。」

他聽懂了。

最後，我跟他說：「等一下吃完家人準備的粥，然後閉上眼睛睡一覺，睡醒之後讓家人幫你擦澡，讓身體舒服清爽一下。不要忘記我們兩人對談的事情，更不要忘記這些安排都要真心感謝菩薩。」

談完後，我慢慢張開眼睛，我依舊握著他的手。

我當著他家人的面問他：「剛才我對你所說的，是否都清楚？如果是的話，現在你的眼睛眨三下，讓我們都知道。」

他真的眨眼三下回應了。

家人都流下了眼淚，爭著到父親面前抱著他。

我靜靜離開醫院，祝福這位父親，也祝福他們全家。

去探望他的三天後，我聽家人說，他們的父親在睡夢中離世了。我終於鬆了一口氣，衷心祝福他一路好走。

這次的經驗正式開啟了我往後幾十年幫助植物人或無表達能力者的溝通標準模式，也正式開啟我運用超心靈感應，透過電話、視訊做超視距治療的經驗。

祖先出手懲殺不肖後人

這次的故事是關於一位住在苗栗的母親。她透過朋友介紹找到我，希望我能夠幫忙找出他們三代家運不濟的原因。這個家族的三代當中，前兩代的男主人都英年早逝；同時家族的男生大多沒有什麼責任感，家中經濟的支柱多半由女性來維持家計。

我和這位母親約定，到他們家走一趟了解一下。

約定的時間很快就到了，我來到他們家，這位母親和婆婆帶著我，從室內到戶外都看了一遍，最後停留在神明廳。我看到神明桌上的擺設方式異於常態，便說明了緣由，然後說：「請你們檢查祖龕，確認內置載文是否正確。」

「給我停止！」

這時，突然有兩名男性進來神明廳，一位自稱是姑丈，另一位是那母親的兒子，他們態度蠻橫，阻止我去碰觸祖龕。

老太太出面阻止兒子（也就是她的孫子），「老師要幫我們，你們在做什麼？」

結果她的孫子當面嗆：「XXX（髒話），你阻止我？老師了不起喔？」姑丈還借了點酒意，用更下流的字眼去罵這位母親。就請原諒我這裡不寫出來了。

我相當傻眼，很快感覺到自己開始憤怒，我趕緊壓抑住自己的情緒，避免造成嚴重的衝突。我之前不曾遇過這樣的情況。

這時，菩薩要我沉住氣，如果不行就離開，不需造成尷尬對立的僵局。

我想現在這樣也無法工作了，就立刻拿著工作袋，轉身離去。

這時，老婆婆和母親跑出來，一直跟我道歉！

我回應：「沒有關係。」之後就驅車離開了。

三天後，我晚上時做了一個夢，有一位土地公帶著三位老人家來跟我道歉，他們一同說：「歹勢，子孫三天前冒犯了菩薩、得罪了老師，希望您能夠原諒他們。」

然後，他們開始向我訴苦，「那位藉酒裝瘋的是我們家族的女婿，平常無所事事，整日酗酒鬧事，挑撥離間；那個男孫則是好吃懶做，逞兇鬥狠，經常闖禍，常常被警察拘留！我們家族的人對他們兩人都是頭痛不已，已經沒有對策了，我們該怎麼辦？」

我告訴他們：「既然他們是你們的家人，也是造成家庭的禍根亂源，你們身為家族的長輩，就應該出面懲教、當頭棒喝，自己的家人自己處理！」

他們三人面露慚愧，歉意後低頭告辭！

醒來後，我原以為這件事情就這樣不了了之，不料竟然還有後續。

幾個月後，這位母親打電話跟我說，他們兩人都出事了。

首先是姑丈，一個月後，他酒駕出車禍，雖然外傷不嚴重，卻突然引發腦中風，送醫急救20天後，依然不治往生。

接著，在姑丈往生一個月後，這個孫子又與人發生衝突，遭到對方追殺，情急之下不慎出車禍，在海線公路撞上路邊的電線杆，當場傷重身亡。

母親聲音愈來愈哽咽，說：「祖先託夢告訴我，他們兩個人的事情，是祖先決議懲罰他們的結果……」

我聽到電話那頭母親的哭聲，不知道該說什麼，默默掛斷了電話。

多行不義必自斃，祖先也會親自出手懲罰不孝後人，希望大家引以為戒。

爲求風水私自移動父母骨骸，空墓的報應

有一家公司的老闆，透過好友介紹，想請我幫忙化解他所遭遇到的困難。我先請他留下姓名、電話、住址。待我先行了解後再安排回應。後來，我根據所留下來的資料，發現這位請示者可能會遭遇到很嚴重的因果業報，令人更擔心的是，業報的源頭竟然是自己的祖先？

為了想要清楚了解原因，我決定安排時間和他碰面，並約在公司見面，他會順便讓我看看廠內及住家的情況。

我們見面時，我強烈感到有一股很怪異的氣場圍繞在他的四周。這股氣場強烈、

陰邪又帶有怨氣，卻有別於蠱降術法或是冤親債主的怨氣。

我當下沒有說這件事，先等他說明他找我的原因。

他說：「老師您好，我今天來找你有幾個原因。第一點是我經營的公司，近三年來生意接二連三急轉直下，莫名被客人轉單或是停單，這是經營近二十年從來沒有過的情況。再來，我的孩子最近出現一些行為、個性和情緒的問題，卻找不到病因。最後，連我個人的身體健康也經常出現異常，能不能請老師幫幫忙？」

我立刻把他的命盤排出來，然後提出了幾個問題問他：「首先，我要問你們家族的祖墳目前安座在哪裡？祖墳當中葬的是誰？第二，你們兄弟姐妹的互動如何？在家中你排行第幾？其他兄弟姐妹都是從事什麼樣的工作？環境如何？」

他說：「祖墳現在葬的是父母親，墓地位在南投某工業區後山，其他的祖先則是安厝在鄉鎮的納骨塔。我在家中排行第二，有一位哥哥、兩位妹妹，一位弟弟，他們都已經成家或嫁人，都有自己的家庭，生活上都平安富足，只有我是自己出來做生意，所以波折比較大。」

我又問：「為什麼祖先都安放的在納骨塔，唯獨父母另外安葬？」

他說：「父母過世後，我聽認識的一位老師說，父母的命格要土葬，不適合安放在納骨塔，這樣對子孫會比較好。」

我又問：「你什麼時候發現自己公司的狀況開始出現問題？孩子出現不正常又是什麼時候？你發覺自己健康出現異常又是什麼時候？」

他說：「公司大概是三年前開始出問題，至於孩子發現問題，以及我自己的健康狀況不佳，都大概是兩年多前後。」

我問：「祖先牌位是否有安奉在家裡？」

他說：「是在公司的樓上。」

於是我要求他帶我去看。

他的住家在公司樓上，陽宅風水也沒有特別不好的地方，結果並沒有發現異常情況。

於是我說：「希望能跟你相約三天後，去你父母的墳地了解一下，可以嗎？」

他的表情突然緊張起來，不知道他為什麼有這種反應？但我決定不動聲色。

他停頓一下，問：「勘查墓地的時間能不能延後一點？因為我這幾天有事情，需要出國大約一個禮拜左右才會返回台灣。等我回來之後，我再打電話給您確認時間。」

我點頭示意ＯＫ。接下來就等墓地勘查再說。

當晚，我在晚課時請示菩薩這件事情。

菩薩問我：「你認為如何？」

我回應：「預約時，我當下看見他的反常反應，心裡就有數，祖先的風水一定有文章，就等時機到了再來揭曉。」

菩薩說：「他的出國只是藉口，他只是要爭取時間重新修飾祖墳，不要讓你看出問題在哪。」

兩週後，他才打電話給我，約好時間去工業區看祖墳。

到了當天早上，他引導我到了祖墳前面。

我觀察完祖墳後，問：「你為什麼帶我來看這一門空墓呢？」

他頓時臉色蒼白，回應：「我父母的骨骸都在裡面！」

我告訴他：「三年前，你就已經未經家族同意，私自將父母親的遺骸遷移至其他地方安葬，為的就是利用風水的力量，幫助你達成富貴榮華的目的。可惜天不從你願，幫助你造墓的師傅造詣不夠，品行又差，根本沒有能力幫你造風水穴位，老天更不會同意你用這種方法得到天時地利。所以你貪婪的下場就是芒刺在背，甩也甩不掉！

你擅自取出祖墳裡的父母遺骸，留下空墓，其他家人在不知情的狀況下不斷祭拜。很快地，空墓塚就會重新填補你們家族的親人替代，你認為填補進去的會是誰？是什麼人最有可能最先進去遞補空缺呢？

這就是為什麼從你開始遷墓之後，新的墓塚沒有幫助到你，而舊的墓塚卻已經開始影響你們全家！這就是天理昭彰，善惡有報的結果！」

話才說完，他驚恐地跪在空的墓塚前，痛哭流涕，一直向空墓嗑頭。

我告訴他：「你這麼做完全沒有意義，也沒有用！」

他轉身看向我，說：「老師，拜託你救救我！」

我告訴他：「現在，你要救你自己和家人，首先必須去城隍廟求城隍爺，你必須連續求得三聖筊，然後再去取得所有親人的原諒，最後你再來找我。

如果一週內沒有完成，你就不需再來找我了，因為時效已過，我無法再救你們全家人了！」

話說完後，我掉頭就離開墓園，沒有再理會他，獨自返回台中。

一個禮拜後，期限到了，我沒有接到他的電話，也不準備打電話給他，因為我早就知道，他絕對不會承認自己的錯誤，所以無法獲得原諒。

後來，我透過當時介紹他的朋友，得知了他的狀況。

四個月後，他的公司就宣告倒閉，還拒絕支付員工資遣費，遭到員工集體提告。六個月後，當事人因為不適送醫，卻發現自己罹患了胰臟癌，而且已經是末期，兩週後就往生了。更不可思議的是，他的小兒子也因為車禍事故而意外死亡。

他的兄弟姐妹們知道他的作為後，逼他的家人說出了偷葬父母的地點，重新將父母遷移進納骨塔安厝。原本舊的祖墳，因為那位老闆刻意隱瞞欺騙親人，造成空墓

（空亡），為了填補風水空缺，上天選擇了由主謀者自己及兒子來自己承擔。

自性的我執一再影響他，使他不願意承認自己的錯誤，鑄下了無法收拾的惡果。

勾結法師對家人謀財害命的現世報

今天要敘述的故事，是一位長子試圖爭奪家產，與法力高強的法師合作，謀害家人的故事。在我替菩薩代言的幾十年間所面對過的法師當中，這位是法力最強的，但因為他涉嫌運用極其邪惡殘暴的法術殘害眾生，遭到天理追償果報，現世報下場慘不忍睹！以下是詳細的故事。

這位長子的家庭住在台中，他們家因為土地重劃累積了大筆的家產，他的父母育有長子與小女兒。長子已成婚，育有兩位孩子，因為他與妻子的個性，以及婆媳相處的問題，所以長子夫妻沒有跟隨父母同住。他們長期以來覬覦獨吞家產，在父母尚健在時，就一天到晚吵著要父母趕快分配家產，又不同意父母把家產分給妹妹，所以讓父母傷透了腦筋。

為了想要獨得全部的家產，長子在妻子及朋友的慫恿下，想找法師以邪術來謀取全部的財產。他們先前已經找了幾位法師施法，但效果不彰，僅讓父親的健康出現一些小狀況。後來，他們透過嘉義的朋友，找到了住在嘉義山區的高強法師。那位法師聽說曾經到過苗疆馬泰地區，拜師學習蠱降、陰靈邪術，因為這些法術相當邪惡，所以很多意圖不良的人趨之若鶩。

找上那位法師後，果然沒有多久，長子的父親健康突然急轉直下，折騰沒多久，他的父親就過世了。雖然經過醫學診斷，其死因為多重器官衰竭，但他的家人心裡有數，父親的死因極可能是苗疆地區的死亡降。

父親死後，當家的位置由母親接手，她主張男女公平分配財產。由於母親的決定對家產分配有最關鍵的影響，因此對長子而言，最好的方法就是除之而後快。

沒多久，母親及妹妹兩人在夜晚入睡時，陸續遭受邪靈的侵犯、傷害。

母親找不到受邪靈騷擾的原因，也沒有應對的方式、加上年事已高、健康狀況不佳，承受不住邪靈一連串的侵犯後，終於暴斃。但因為現場並沒有他殺的跡象，所以檢察官檢驗完後，並沒有任何動作，而是交還家屬安葬。

長子唯一的妹妹也同樣被邪靈糟塌，侵犯得不成人形，差點選擇自殺。這時，她母親這邊娘家的家人，也就是她的阿姨們，早就懷疑事有蹊蹺，於是透過我的同學找到我，希望能夠救他們的姪女。

我很快到醫院去探望這名小女兒。見到面後，我可以確定她是被邪師下了很特別的「鬼王降」，而且三魂七魄已先行被封印在小草偶身上。我先請菩薩借用我的身體，暫時解除女孩的降頭，再使用奇門遁甲，防止她再次受到干擾、侵犯。

因為事態嚴重，我向她的阿姨們取得這家人的相關資訊。回家後，我架設法壇，請示菩薩。菩薩跟我說：

「這家人的兒子，為了想得到全部的家產，驟下殺手。他的父母、妹妹都是他陸續找來的法師施邪術造成的。

他父親死於死亡降，他的母親及妹妹則是受到鬼王降的傷害。母親因為年老力衰，沒有能力抵抗，所以往生了。此外，父母和兒子在前世有因果業報，所以這次才應驗了果報。

不過，妹妹年紀較輕，身體健康，並且和哥哥在前世並沒有相互因果關係，所以碰到貴人們相助，逃過這次的死劫。」

我問：「菩薩，請問如何解除這位降頭師的邪降？有沒有必要動用到更強的法術回擊來懲戒？」

菩薩搖了頭，說：「用奇門遁甲五行盾就可以化解邪降。只要化解降頭，妹妹就不會再有危險，且邪降還會反噬到教唆者及施法者身上。接下來，他哥哥就會遭到一連串的果報，讓他悔不當初。」

妹妹出院回家後，阿姨告知她，她母親生前留下了一份遺囑給阿姨。在委任律師的見證，以及法官的判決下，家產的分配確定了。

父親去世時，全部家產有一半歸母親，剩下一半的財產分割成兩份，一份給長子，一份給妹妹。而母親在遺囑中表明，自己那一半的財產將要全部都給妹妹。換句話說，長子只取得四分之一的財產，而妹妹總共獲得四分之三的財產。這個結果是大兒子完全沒有料想到的。

更令人難以置信的是，那位住在嘉義山上的降頭師父，竟投湖自盡，而且是在苗栗的一座水庫。當地的漁夫在收網時，發現了他的屍體，那時已經是他死後三週，全身所有的內臟都已經遭魚類搶食殆盡，成為一具徒具空殼的屍體。

大兒子眼看奪產的奸計未能得逞，法師又變成如此慘狀，失意落魄，開始借酒消愁，家庭也開始失和。妻子帶著兩個孩子離開了他，他嘗到了業報的可怕。在一次酒後想不開後，他來到住家公寓社區12樓頂樓，一躍而下，結束了自己貪婪及罪惡的一生。

他的太太也因為參與謀害家人，受不了內心的折磨而發瘋。因為精神情況愈來愈嚴重，她被送去精神療養中心照顧，之後就沒有再出來過。

人的貪婪無度，造成他們殺害至親家人，而可惡兇殘的法師為了獲取高額的酬勞，用了最殘忍恐怖的手段殘害無辜眾生。所有罪有應得的參與人都得到自己的果報。

人要知足。心生貪婪、陷害人命，都必須付出極為慘痛的代價。而且，所有的加害人不僅現在看起來已經得到了應有的果報，真正的來世果報才是剛剛才開始！

五、我的修行

神明預告船難，我訓練海防兩棲部隊救人

這次要分享的故事，發生在我年輕擔任公職時，當時我負責防護國土及領海海域的安全維護工作。因為我的工作涉及海陸兩棲，所以我帶領的部隊有一部分是很特別的專業人員，配備專業的裝備。這也是菩薩選定我，成為這次事件主要執行者的重要原因。

當年仲夏某晚，我在夢中突然夢見一位菩薩。祂出現在我的面前，跟我說：「今年年底冬至前後，會發生嚴重的船難！一共有18人會受難，你要把落難的人全部救回來！」之後，祂又在夢中提醒我第二次。

不過，我當時並沒有馬上提高警覺，主要原因是，我的單位雖然有編制蛙人部隊、快速艦艇，然而在冬天東北季風的影響下，平均風浪均到達9～10級，這已經超越我們出海的危險臨界（5級）兩倍，快速艦艇根本無法出港！我更不可能冒著這麼高的危險，違反出勤作業規定，私自行動！

三天之後，菩薩三度在我夢境中現身。這次，我向菩薩說明原委，希望祂能理解我這邊的難處，最後討論出結果：菩薩當日會配合協助，將船難發生的地點向海岸邊推進五海浬，讓我的蛙人部隊可以不用搭乘快艇，直接躍入海中，游向翻覆的漁筏，實施搶救措施。

跟菩薩達成協議後，一直到冬季來臨前，菩薩都就沒有再進入我的夢中。

我每天緊盯天候預報，輾轉難眠，因為今年的風比往年更強，氣溫更冷冽，我深怕天候改變會為當天嚴峻的救難行動產生變化，增加危險。為了應付各式情況，我遵照菩薩的指示，設定海難救援標準，對我所屬的蛙人部隊實施訓練。

隨著冬季到來，天氣一天天變冷，海風威力愈來愈強，飛砂走石漫天跨海，猶如罩上了一幕濃厚的肅殺之氣。我知道，如果這個救援任務失敗，除了遇難的這18位漁民會喪生，我以及所有參與救援任務的部下也都有可能失去生命。

冬至來臨的一週前，菩薩又降臨我的夢中，這次總共來了「四加一」位，加上的這一位就是人稱海神的「天上聖母」。

菩薩們跟我說，祂們已經利用影響力，極力勸退當日想要出港作業的漁民，並提醒他們需要特別注意安全，所以被援救的漁民人數可能會減少，但是原本要求的救援力度、裝備仍須依照原定數量準備，以備不時之需。所有參與救援的人員都要特別注意自己的安全，相互幫助。救援任務就完全交給我去指揮！

救援任務前三天，我開設指揮所，裝設追蹤用無線電，監聽海域漁船動態訊息以利應變，並且集結所有救難人員、所需的裝備和物資用品。

救援日到來的這天是冬至，天氣異常寒冷，也是一年當中最寒冷的一天。強烈的海風吹起了海邊的風沙，如撒哈拉沙漠吹起的沙塵暴，讓人睜不開眼睛。灰濛濛的大地增添了些許的孤寂與愁悵。

看著屋外的沙塵，聽著無線電的對話，好像在聆聽催眠曲，不自覺已經很快到了晚上。

正當睡意又來時，我突然聽到耳邊一聲提醒：「海難發生了！」這時，追蹤的無線電裡響起了求救的訊息。

我們透過鎖定無線電，發現位置正如同菩薩當時的預言。

我很快就帶著所有救援人員飛快奔向事發位置。

岸置人員立即打開了強力探照燈，鎖定遭難的漁船和漁民。

我們依序跳入波濤洶湧又冰又冷的大海中，全力游向落海的漁民，然後以每兩位救難人員合力救一位漁民，把所有落海的漁民全部拉上灘岸。

等救援告一段落後，我們清查落難漁民和漁船，發現只有八位漁民，翻覆的兩艘船筏。我詢問救起的漁民，當天一起出港的作業人員、船數，皆吻合無誤。最後，我們全面清查轄區當天申報出海作業的船隻、人員數，都正確吻合。沒有人或船被漏掉。

最令人震撼的，是預先申請冬至出港作業的漁船數為四艘，作業人員共計18人——和當時菩薩跟我說的數字是一樣的——但當天實際出海的漁船及人數減至兩艘8人，這和菩薩第三次在夢中跟我的一樣，人數確實減少，降低傷亡的可能性。

這件任務完成後，我的伙伴們說，這次的經歷如果拍攝成電影，一定會造成轟動賣座，整個過程太不可思議了。不過，由於其中涉及到宗教因素，為怕有心人利用另做文章，引申為怪力亂神之說，我要求所有部下及被救的漁民低調保密，不對外公開。但是私底下，我們的善舉卻已傳遍整個地區。

我及所有的部下，和被救起的八位漁民，全部都知道這些是慈悲的菩薩護民情懷的神蹟，拯救了這些身處危難的大地子民。我們不會忘記。

同袍因快艇翻覆而離開人世，我替他送行

有一位我在公職的伙伴，雖然是我的部下，但也跟隨我很多年，我把他當作自己的兄弟一樣照顧。

他是原住民同胞，故鄉是在有名的「大武山」上，父親是鄉裡的魯凱族族長，所以我常稱他為魯凱小王子。他是少數受過國際專業特訓的特業士官長，有很特殊的戰技專長。

經過很多年的相處，我們之間培養出的默契相當好，所以在出重大勤務時，我都會特別帶幾人在身邊，他正是其中之一。

不過，天有不測風雲，我們有一次奉命出特別勤務，兩艘快艇一同到外海，卻在返程途中遇到天候驟變，在一個溪流出海口的外海，偕同出海的另一艘快艇翻覆了。

由於風浪太大，雖然我們經全力搶救後救回三人，但是駕船的艇長和快艇不見蹤影，最後我們決定暫時放棄，先把其他人先平安送回單位，再通知海軍大型巡防艦協助搜救，岸防單位也協助派員實施海岸線搜索。

一夜過去，我心裡明白，黃金搜救時間已經過了，存活的機會渺茫，但我仍然協調友軍聯合搜救，希望這樣的嘗試能讓奇蹟出現，但歷經一天一夜的搜救，我們依然找不到，不得已只好放棄救援任務，並且拍發電報給出事幹部的家屬。

當天晚上，我情緒低落，站在海邊的防波堤上，向著大海，默默用自己的心念，要這位殉職的伙伴回來跟我說遺體滯留的地點，因為他故鄉的親人就要趕來帶他回家，找不到屍體的話，我們無法對他家人交代。

我也特別向當地的城隍爺、土地公請求幫忙。

夜深了，我慢慢走回自己的寢室，大約午夜一點鐘，突然有人把我搖醒，我起身一看，竟然是城隍爺和土地公到我房間叫我起床，跟我說：「失蹤的部下已經找到了，他目前在門口等候！」

我還來不及開燈，趕緊叫他：「進來房間！」

他側身對著我，我問：「為什麼要側身面對我？」

他說：「另一邊的臉頰有擦傷，不太好看，怕嚇到你。」

我說：「沒有關係！」接著我問：「你現在在哪裡？」

他跟我說：「明天早上到某漁港，當天剛亮的時候，第一道陽光就會照在右邊航道的泊水區，順著陽光照到的定點，就可以看到我。」

我再問：「有什麼事情需要我幫忙的嗎？」

他說：「請你幫忙安撫我的家人。」

我當然同意。

我回應完後，他說：「謝謝你這些年把我當親兄弟一樣的照顧，我永遠不會忘記這份恩情。」

我告訴他：「我很內疚，讓你遭遇劫難，心裡很自責也很難過，更對不起你的家人。」

這時，他轉身哽咽，我就告訴他：「明天見。」然後看向城隍爺、土地公，深深鞠躬道謝，「感謝祢們幫忙，讓我們找到他！」再請祂們引領他回去，暫時等待。

這時，我看了手錶，已經快要三點了，於是我趕緊通知單位備艇出海，天亮前趕到他所說的漁港，並且要求該地就近單位在天亮前派員到達指定的位置待命。

三點半了，我從單位驅車前往該漁港，在尚未天亮前到達現地等待。

漸漸的，東方出現魚白的曙光，朝陽慢慢地移動，直到照射他所說的位置，所有在現場的人都看到了他的遺體。

他面部朝下，頭部略上，腿部在下，呈現一個斜角的姿態，浸在水中。

第一線待命人員跳入水中，想拉起他的遺體，卻無法成功。奇怪的是，三、四位伙伴接連跳下，都無法把他拉起上來。

我知道事有蹊蹺，喊：「兄弟們退開！」

我跳下去，果然一下子就把他從水中拉起來。

當他的臉龐出水時，我看見他的右臉頰、手、腳被磨擦撕破，應該是因為海流拉動著他的身體，被海底的礁石刮傷所致。我理解到，這就是他魂魄回來看我的時候，只願意側身見我的原因。

我抱起他的遺體離開水面，然後他竟然七孔流血，染紅了我整個胸前及大腿。

我知道，依據民間的風俗，落水過世的亡者見到親人的時候，多半會出現這種現象。而我代表一個單位的大家長，部下就如同我的家人、兄弟、孩子一樣，所以才會如此。

這時，旁邊的部下湧上來幫忙，我空出手來，把他半開的眼睛重新闔上，用心念告訴他：「現在可以安心了，我們已經找到你了。」

我的視線模糊了起來，我的眼淚不聽使喚，一直流個不停。

這時，他的七孔仍然持續出血，只是漸漸減少了。我們把他暫時安置在海邊防風林裡的一塊空地上，底下墊著大冰塊，等待軍事檢察官來驗屍。

半小時後，檢察官到了，但是他忙了很久，一直脫不掉他身上的衣服，於是求助於我。

我上前摸著他的手，告訴他：「我們要幫你換上乾淨的衣服，準備好回家。」便順利脫下他的衣服。

我幫檢察官驗完屍體後，迅速幫他換上內外全新的衣服，然後移入靈柩，最後幫他梳一下頭髮，讓他看起來整整齊齊的，就把他交給了他的家人。

這時，我帶領所有的部隊向靈車敬上最敬禮，然後目送專車離去。專車載著他的家人，將一路陪伴他回到自己的故鄉，大武山。

直到專車已經到了視線盡頭，我眼中的淚水仍無法停下來。

後來有人開車送我回到部隊，因為疲倦的關係，我洗完澡後沒吃東西就上床休息。

睡夢中我再度見到城隍爺和土地公，祂們帶著他，準備啟程到地府去報到。

我私下請求城隍爺：「拜託請您幫忙妥善，替他安排投胎轉世。」

然後，我只能看著祂們很快離去！

他往生一個月後回來找我，跟我說：「我已經要投胎轉世去了，在走之前，為了

報答你的恩情，我想給你個東西。」

他寫了一張紙條，折起來後給我，說：「要我離開後，你才可以打開，到時候就知道了！」

他離開後，我打開紙條一看，忍不住一笑，知道了他的心意。我把它交給一個好朋友後，讓他賺進了二十幾萬。他把一半的錢捐給了孤兒院，又想把另外一半送給我，但是我沒有收，退還給他，要他好好運用在照顧家人上面。

至於那是什麼心意，因為我沒有這樣的嗜好，請容我在此停筆。

我擔任偵探，尋找車禍兇手與真相

有一位住在彰化的母親透過朋友的推薦來找我。她是為了女兒的事情來找我請教，我們很快就約了時間碰面。碰面後，她突然悲從中來，說起她來找我的緣由。

兩年前某晚，她的女兒在公司加班，下班時偕同另一名女性同事一起騎車回家，卻在路上被一輛車由後方撞上，兩位女性當場死亡。更可惡的是，對方竟然肇事逃逸。因為現場地處偏僻，又沒有照明設施，加上已經晚上十點多，少了很多行人與車輛，所以案發當時並沒有目擊證人。

警方到達案發地點，看到煞車痕跡，判斷車速相當快甚至失控，有可能是嚴重酒駕或駕駛吸毒瘋狂飆速所造成。但是由於現場附近找不到明確的證據，所以無法結案，此案也就成為懸案。

往生女性的家裡經濟能力不好，家中男丁又早逝，他們沒有能力幫忙自己的女兒申冤，所以才尋求我的協助。

聽完他們的故事後，我轉達菩薩的意思：「我們同意幫忙洗刷冤情，找到兇手！」

菩薩也要我先利用晚上跑一趟案發地招魂，讓兩位無辜喪命的年輕女生可以投胎轉世。

我跟這位母親約好時間地點後，晚上便到達現場。

我開始召靈，並請地頭的土地公、地基主（地靈公）協助。

現場開始出現類似夜光鳥（夜鷺）的叫聲，但聽起來卻令人毛骨悚然的哀怨。我心中知道，亡靈來了。

很快，這兩位年輕女孩出現了，他們還穿著案發當時的服裝，上面沾滿了血跡。其中一位女生頭部重創，幾乎毀掉大半部，面部模糊不清；另外一位則是胸部被嚴重撞擊，上半身胸部骨格及脊椎全部斷裂，反折刺入心臟喪生，實在慘不忍睹。

為了怕母親傷心難過，我沒有完全向她告知細節。但我心中默默告訴自己，一定要找到肇事者，並且讓他付出代價。

城隍爺派出的地府使者也到場了，祂引導亡靈回到地府枉死城備案。這兩位可以投胎轉世了，接下來，是調查案件的時候。

我請家屬先行回家，然後再順著案發現場走走，發現旁邊有一條河。

我沿著河畔走了一趟，尋找有無生靈可以提供我線索。折返時，突然看見一位上了年紀的老亡靈，依據他的穿著及外表，應該是落水身故。

我問他：「為什麼你在這裡？」

他說：「我有酗酒的習慣，喝醉酒後騎車，不小心跌入河裡往生了，機車還在河裡面。」

我問他：「請問你往生多久了？為什麼不去地府報到投胎？」

他說：「已經超過十五年了。我聽說喝酒導致自己落水淹死是自殺，因為自殺的罪很重，又無法投胎，所以我乾脆就不去報到了，反正身前就已經一個人生活很久了，已經習慣了。」

往生時間很久，或許會對案情有幫助。

我問：「兩年前某天晚上十點多左右，你有沒有親眼目睹一件車禍發生，是兩名年輕女生被人駕車撞死在前面道路的彎道上？」

他點了頭，並說：「開車肇逃的是個年輕人，可能是吸了毒品精神恍惚，開得又快又危險，因為失控，就把那兩位年輕的女生撞死了。」

他又補充：「那名年輕人應該是住在附近的，我常常看到他在這條路上駕車，而且常常利用深夜在這裡飆車。他酒後駕車的次數比較少，吸毒之後飆車的機率最多次，這個年輕人真的很糟糕又該死，這樣跟殺人並沒有兩樣！」

我感激地說：「謝謝你提供這些資料給我了解，如果你有一天不想留在這裡，想要去投胎時，可以跟我說，也許我可以幫你的忙。」

他問：「你到底是幹什麼的？又不是神，還要管亡靈的事情？而且你一點都不怕鬼，尤其不怕很醜、很噁心的鬼，因為我就是這種鬼。」

我告訴他：「我是幫助菩薩做事的人，因為看習慣了，所以不會怕。」

他問：「如果真的要你幫忙，要怎樣才可以找到我？」

我說：「你可以去問這裡的土地公、地基主，祂們就會告訴你，或者是向天喊我的名字『澈悟覺行』，我就可以接收到了。」

他笑了一笑，突然跟我說：「對了，我感覺那個吸毒駕車害死人的年輕人可能會出事情！」

「為什麼？」

他小聲對我說：「其實一年多前，就已經有三名年輕男性的亡靈來找我，問這位駕車年輕人的事。我看到他們的樣子，就知道他們是在黑道打混的兄弟，他們三人的頭部、身上都有槍孔痕跡，像是被人殺害或滅口的『冤親債主』，可能是要找他復仇了。」

當時我不以為意，謝謝他之後，我就返回台中，這就事情就先擱置下來。

半年後的一天，菩薩跟我說：「我接到彰化某地區的城隍爺說，那邊有一位淹死的年輕人，可能跟兩年多前遭車輛撞死的女生命案有關，希望你去了解一下。」

我想起那半年前那位淹死的酒鬼最後透露的訊息，於是安排晚上再跑一趟彰化該地區。

那晚，我在河邊來回，找那個老酒鬼，還真的被我找到了。他很高興看到我。

我問：「是不是你通知地靈公找我的？」

他點了點頭，接著說，「前幾天晚上，我看見那位車禍肇事者騎一台機車，跑到前面那條橋頭旁邊，躲在橋下吸毒，結果被已經找他很久的三位年輕男性亡靈找到。那幾位冤親債主利用活人黑道份子，在橋下殺了這個年輕人，並用繩子連人帶機車捆綁在一起，然後丟下河裡。」

聽到後，我連忙通知城隍爺，派人押上亡者的魂魄，並在現場錄取口供。

城隍爺的將軍將當事者亡靈押過來，當事亡靈在我們面前，終於承認：「我兩年半前在路邊吸毒過量，精神恍惚，過失撞死了兩位女孩。另外在三年半前，我因為毒品地盤問題，聚眾殺害了三位敵對的毒梟，今天卻被冤親債主找到，被報仇了！這些年我殺了七條人命，自己也算命該絕了！」

說完，城隍爺的將軍即刻將他押解返回地府，聽候審訊判決，並把捉到車禍元兇的消息通知目前正在枉死城的兩位受害女生知道。

事件至此也算告一段落，我便返回台中了。

之後某天，女孩的母親特地北上台中見我，說：「女兒託夢告訴我，元兇已經被抓到了，真相水落石出了！」

我沒有再多說什麼，只是安慰這位母親：「老天還給我們清白，把兇手繩之於法就好了。」

事後，我去請教當地的城隍爺：「這兩位被撞死的女孩到底和加害者有什麼樣的前世因果？為什麼會這麼慘烈？」

城隍爺翻了他們兩位的生死簿，有一面寫著：「謀財害命。」

難怪會如此。

既然見到城隍爺，我順便說：「河邊那位酗酒失足、跌落河裡淹死的老人，能否從輕發落，再給他一個自新的機會？這次的無頭公案能破案，幕後功臣就是這位老酒鬼。」

「可以。」城隍爺同意了。

我向城隍爺致謝後離開。

返回台中前，我又專程到河邊橋底下，找到老酒鬼，說：「謝謝你幫助這案件，城隍爺已經同意原諒你，給你自新的機會，要好好把握，過兩天到城隍廟去報到，不要再留在河邊了！」

老酒鬼眼裡泛著淚光，一下子說不出話。

我拍了他的肩膀，「謝謝你，不過，菩薩要你少喝一點！」

他笑了。我也返程回台中了！

每個會出事的人多半都會涉及因果，我們想要安心的生活，就要心安理得，不做虧心事，半夜不怕鬼敲門！鬼搞不好還會幫助你破案呢！

我的四世之前：從蒙古、樓蘭到尼泊爾

在我這世很小的時候，我前幾世的生命歷程影像就很清楚地刻在了記憶當中，只是當時沒有人可以給我明確的答案。直到有一次機緣，菩薩跟我說了所有事情的原委，我的記憶才正式啟動、連接，將前幾世的歲月串在一起，自己心裡很多的疑惑也逐步解開。

我的四世以前出生在蒙古的呼倫貝爾大草原，家族是傳統的蒙古遊牧民族，家族已經在呼倫貝爾這一大片土地上生存超過五代了。

為了求生存，族群之間經常因為爭奪水源與肥沃的牧草，相互殺戮，帶來無窮無

盡的恐懼和死亡威脅。我的家族也是如此，我的親生父母親和另外的親人，大部分在上次發生的種族大衝突中遭到殺害，僅留下五歲的我由親叔叔扶養長大。後來我們遷移至烏蘇里江以東的森林台地，經過十年的休養生息，家族的實力變得愈來愈強大，透過買賣蔘養的牲口，也累積不少的財富，讓家族過了一段平安富足的生活。

但幸福的日子並沒有太久，敵對家族的人發現了我們，他們通報家族本營，暗中調集了龐大的人馬，然而我們的族人卻是一點的警覺心都沒有。

有一天，叔叔要我帶三個人手，趕一批牲畜到市集交給盤商，所以天還沒有亮，我們就提前趕路，要在市集早上九點開市前送到。當天，一切進行很順利，我們準時交貨，之後就偕同另外三個族人趕回家族的營地。

就在快要到家的時候，發現營地的方向有失火的情況，我們靠近一看，發現營地四周佈滿了許多男性族人的屍首，所有的女人、小孩、牲畜、草糧全部被洗劫一空，沒來得及帶走的全部遭到燒毀殆盡，營地內外沒有留下一絲的活口！

依照蒙古的習俗，敵對雙方會將對方年滿十五歲以上的男性俘虜者全部砍殺，十五歲以下男性做為奴隸，所有年輕女人全部留著繁延後代，年老女人負責照顧幼童、烹煮伙食，對方所有牲畜、財產資源納為己有。

我無神地四處張望，心中期盼能夠再見到任何一個倖存的族人，結果只有滿滿的失望。

突然，伏兵從旁邊的樹林衝出，我們四個人被衝散了，我朝著新疆的方向奔逃，後面是對方二十幾騎的追兵窮追不捨。

我當時只有十五歲。經驗歷練不足，所以被追了幾十公里就被追上了。我被繩索套住身體，反向倒拖，拖行飛馳在戈壁沙漠的礫石灘上，直到我完全昏死之後，他們見我已經沒有任何氣息，才把我的身體丟棄在沙漠。

他們離開之後，天空盤旋的禿鷹，地面的郊狼，都對我的身軀虎視眈眈。

禿鷹開始啄食我，引發疼痛，讓我醒了過來。

我無意間隨手抓了一隻禿鷹，狠狠朝它的脖子咬下去，強吸牠身上的血液，緩解了極度的口渴以及重傷造成的虛弱。

吸完後，我頓時覺得全身刺痛不已，我背部的肌肉因為被拖行，原有的肌肉結構已經完全不見，僅剩骨頭由後背一直延伸至臀部，然後我又昏厥過去。

也許是命運的造化，由於禿鷹盤旋在空中，引起經過的樓蘭商隊注意過來探查，他們發現我竟然尚有一絲氣息後，把我救回樓蘭古城，所以我得以苟活。經過一年的醫治，我終於康復了。

為了報答他們的救命恩情，我以自己的勞力來償還救命之恩。

三年後的一天，我外出購買用品，之後商隊觀察情況有異，似乎有人在追殺我，立刻通報商隊總部，要我趕緊逃離。我們當時推測，或許是因為我被來自蒙古的探子發現，他快馬飛奔蒙古敵營通報領賞，所以他們派出快騎直奔樓蘭，想再度追殺我。

我告訴自己，一定要逃離中國的領土，才有活命的機會。但由於事出倉促，我僅僅以一匹馬及簡單的飲水與行囊，往尼泊爾的方向奔逃。

跨越青海後，由於馬匹不堪長途跋涉，受傷嚴重，我不得不忍痛了結了牠的生命。我改以步行，循著山村小徑，翻山越嶺前進，以躲避敵人的追緝。

由於當下臨時逃命時，身上並沒攜帶足夠的資金和糧食，所以我不得不沿路以工換食或乞討為生，所以逃亡的速度變得很緩慢。幸好，追殺我的蒙古輕騎找不到我的蹤跡，而我也沒有得到他們任何的訊息，暫時放下緊張的情緒，但我還是隨時提高警覺，盡可能隱藏自己的行跡。

我漸漸接近西藏及尼泊爾交界的山村，忽然間，我看到路邊的一顆樹，上頭掛著一面木牌，用藏文寫了「加德滿都」並附上一個指向前方的箭頭。

遠方城市的景象漸漸映入我的眼簾，我告訴自己，我應該安全了，我終於到達尼泊爾的首府加德滿都了！

我找到一間寺廟，在廟外屋簷下緩緩坐下，脫掉頭上的帽子，拿出囊袋裡面的水壺，一口氣喝光了剩下的飲水，又伸手從袋子中摸出剩下半塊發硬的乾饢，還來不及入口，就累得昏睡了過去。

再度醒來時，我根本不知道自己睡了多久了，也不知道自己逃亡了多久才到加德滿都。

我看著自己的手腳，因為長途拔涉，都磨擦出厚厚的皮繭，鞋子的鞋底也都幾乎磨穿了，身上穿的衣服也早已經破爛不堪。我意識到，自己披頭散髮、滿臉鬍鬚的模樣，和乞丐並沒有分別。

我起身，拿著水壺跑到寺廟裡，想跟廟方乞討一壺飲水和食物，但是僅僅得到飲水。我回到剛剛睡著的位置上，看向遠方故鄉的方向，內心萬念交錯，難過之情油然而生。

家族一直以來的悲慘歲月，馬背上舔血的生活，這就是傳統游牧民族的宿命，眼眶不由得充滿淚水，模糊掉眼前一切的景象。

未來的一切將何去何從？自己又該如何再走下去？所有累世的業報又該如何化解彌補？

哀傷完後，我稍微回復理智，發現寺廟另一角坐著一位類似印度籍的苦行僧，他一直看著我，然後走到我面前坐下，從他的袋子裡拿出一枚缽，倒上一點青稞粉，加上酥油，搓了幾顆丸子給我吃，我剩下僅有的半片饢其實已經不適合再食用了。

我一連吃下五顆青稞丸子後，再喝下半壺的飲水，終於填飽了肚子。

這位印度僧人問：「你的名字是什麼？你從何而來？」

我沒有直接回答他的問題，而是問：「現在是什麼時候了？」

他跟我說了當時的日期與時間，我楞了一下，原來我已經離開樓蘭古城將近三年的時間了。

他跟我說：「我叫做薩摩羅迦，是一位修行的僧人，你從何而來？因為什麼緣故而來？」

我如實告訴他自己的過去。

他接著問：「你有沒有地方可以去？」

我搖頭。

他問：「那你是否有意願跟我上山，住山上的檀廟？如果有意願的話，你也可以考慮長住在山上。」

當下我真的也沒有另外的選擇，於是點頭答應了！

他說：「好，那你在這裡等我一天，我把事情處理完後，會陪同你一起上山。」

於是他留下囊袋內的食物和酥油給我。

我起身向他行了鞠躬禮，目視他離開，之後又重新靠著牆坐下。

一陣風過來，感覺有一點寒意，我伸手到我的囊袋中，拿出禦寒的衣服披在身上，然後茫然地看著遠方的街景，睡意不經意襲來，重新進入夢鄉。

當我醒來時，那位印度僧人薩摩羅迦已經回來，坐在我的面前。他帶來了一套新的衣服、鞋子讓我換上，然後我們一起用餐，吃飽後，就開始了上山的行程。

到尼泊爾，上檀廟

我隨著薩摩羅迦，前往加德滿都市集後方的一條山徑，這是上山的入口。山徑旁的山腳下有一戶貧苦的人家，房子破破爛爛，連遮風避雨的效果都成問題，不知道他們怎麼能夠住得下去。他們夫妻養育了三個孩子，兩男一女，年紀最小的是女兒，因為家境貧窮，所以家人都很瘦小，看就知道營養不良，令人心疼。

小女兒也許是第一次看到陌生的人上山，所以好奇出來看看。另外說個題外話，後來這個小女孩在來世成為了我的弟子。

他們一家人的景象烙印在我前往山上的記憶中。

我們走上山徑，從早上一直走到日暮西山，因為路途遙遠，所以必須中途休息，最後我們來到山徑旁一間臨時搭蓋的工寮，預定晚上在這裡住一夜，隔天一早再趕路。

薩摩羅迦要我到外面去找一些乾草枯枝，生火烹煮食物。我煮了一壺水，放入了酥油和一些乾茶屑，然後再倒在木碗內。薩摩羅迦拿出青稞粉，倒在碗中，教我製作青稞丸子。我依樣做了一遍，他點頭表示可以，於是我們開始享用今天的晚餐，接著喝了一碗熱騰騰的酥油茶，頓時全身暖和起來。

晚餐後，戶外天氣開始轉冷，溫度急速下降，暗暗的星光隱約照出地面薄薄的一層冰霜。屋內剛剛升起的灶火也因為柴火燒完而漸漸熄滅，室內的溫度逐漸和戶外一樣冷，讓我不斷打寒顫。

我因為逃亡的緣故，所以隨行攜帶的衣服不足以保暖，而這裡的山不僅緯度較高，海拔更高，當時季節還只是夏末，平時晚上的氣溫卻已經在攝氏零度左右，相當寒冷。

薩摩羅迦看我縮在角落裡，站起身來，脫下了穿在身上的紅色羊毛法袍，讓我披在身上禦寒。他又回到原來的地方坐下，身上只剩下一件貼身的衣服。他閉上雙眼禪坐後，我就沒有看見他再調整姿勢。

雖然他給我披上法袍，但是山上真的很冷，工寮只是簡單搭蓋，並無法保暖。於是我起身走出戶外，透過屋外的星光，欣賞連綿的山巒都披上一層層冰霜，或結出串串的水晶珠鍊，折射出晶瑩雪亮的星光，如同琉璃仙境，或是夜間晴空的星河。

雖然景色優美，但外面真的太冷了，我趕緊回到工寮，回到剛剛蟄伏的角落，窩在法袍裡面取暖。

薩摩羅迦一動也不動，依然坐在原來的地方，身上依然只穿著那件緊身的內衣，但他的身體竟然不斷冒出水蒸氣，就像滾燙的蒸籠一樣。

怎麼可能會這麼神奇？

我當下雖然被嚇到，但沒有打斷他的修行，只是遠遠看著他。我已經很清楚，此刻大地即使再寒冷，也不會影響到他。

我終究還是因為疲倦而睡著了。

薩摩羅迦再度叫醒我時，外面已有天光，他早已經燒好了開水沖泡酥油茶，要我自己喝一碗暖暖身體。我把紅色法袍還給了他，並點頭道謝。

我們整理好工寮後，走出戶外時，太陽尚未昇起，大地的景象真的讓人驚艷，昨晚的星光被現在的天光取代，這是我這輩子第一次看見這麼美麗的霜雪美景。

這時，東方的旭日已經緩緩昇起，陽光照射在地表面上，霜晶反射出來的七彩絢爛更奪目，令人嘆為觀止，這就是大自然的美麗。

隨著太陽昇起，氣溫漸漸回暖，周遭景色也愈來愈清晰，也開始出現飛禽走獸的蹤跡。原來我們並不孤單。

接下來，我們繼續趕路七、八個小時，最後終於在中午時分到達了目的地「檀廟」，這是我這輩子未來將修行到終老的地方。

我坐在石台上休息，並仔細打量檀廟。它座落在兩座山中間的高地草原，方向坐北朝南，面對極負盛名的神山珠穆朗瑪峰（也就是聖母峰），廟後有一堵較低的丘陵為靠背。四周圍繞的遠山山頂都積著萬年不化的皚皚白雪，令人讚嘆景仰。

檀廟的面積大約有六十平方米，是用山上的礫石和木樑搭建而成。大殿供奉著燃燈古佛、釋迦牟尼佛、觀世音菩薩，後殿前半部是存放供佛和生活的用品，接下來有一間寢室，廚房及儲藏室。寢室的床是用礫石堆砌的，上面又鋪滿了山上的芒草、枯木枝做為床墊。

薩摩羅迦另外給我一件新的紅色羊毛法袍，一件黃色袈裟，一雙鞋子，以及兩件棉質的內衣褲。

平常生活方面，因為山上沒有森林，最多只有少數的低矮草叢及雜生芒草，所以生火的燃料大部分是來自山上野生動物留下來的排遺（糞便），每天需要到山上到處去撿拾曬乾來燒，因為取得不易，所以需要撙節使用，每天只有早上供佛時才會燒火煮酥油茶供佛，中午再利用供佛的酥油茶和著青稞粉當成一天唯一的一餐。

在檀廟的作息是，每天早上五點起床、盥洗、打掃；六點鐘禮佛、早課至中午十二點半用膳、午休；兩點外出撿拾柴火、排遺，傍晚六點禮佛、晚課至九點就寢。

山上平常早晚氣溫都維持在零度，每年中秋後，山上就會開始降下初雪，這時氣溫大約在零下十度左右。當大地完全被大雪所冰封後，在冬至這個一年當中最冷的一天，氣溫最冷會降到零下三十度。

從上山的第一天開始，我就無法躺在又硬又冰冷的床上，我也知道薩摩羅迦從他上山修行到現在，從來沒有在他自己製作的床上睡過。於是我開始向他學習瑜珈法門，用瑜珈的方法禪坐入息，禦寒又修行強身。

這個法門是很深奧的一種功夫，涵蓋了身、心、靈、法四個領域，它讓我在尼泊爾六十幾個年頭獲益良多。

剃度出家，正式修行

有一天，薩摩羅迦問我：「你準備好剃度出家，拜師修行了嗎？」

我點頭回應。

他說：「我會安排日子舉行。」

「好！」

最後，師父選定了一週後的日子，也預先幫我取好了一個新的名字，叫做「希望」，在梵語中，這詞彙還有其他意思，是「重新給自己一個扭轉命運的機會」。他要我從剃度出家的那天起，開始啟用這個新名字，為我帶來好運和機會。

他帶領我來到大殿，向釋迦牟尼佛上香稟告。

祂同意了，讓我期待當天的到來。

我們開始準備剃度當天需要的東西。準備完後，我走到戶外，面向故鄉的方向，跪到地上，向所有往生的祖先稟告自己的決定和這麼做的主要原因。

這時，我心中激盪起難過的情緒，我強力壓抑住，讓自己冷靜下來。我真心希望能夠用自己真誠的懺悔與修行，彌補我和族人累世所造下的惡因業果，不再讓歷史重演，讓所有的族人有重生改變的機會。

剃度出家與拜師的日子終於到來了。

當天，師父薩摩羅迦第一次穿上他最正式的法袍、配飾，並準備好供佛的香、燭、花、茶、果。我站立在神像前，師父點上三柱香遞交給我。

我向菩薩上香禮敬，然後師父指示我跪下來。

師父唸誦完祈禱文後，開始為我削髮剃度。我落髮後便換上了正式的法袍和袈裟，向大殿上的釋迦牟尼佛、燃燈古佛、觀世音菩薩行五體投地最高敬禮，隨後再向師父薩摩羅迦行跪拜大禮，正式成為釋迦牟尼及薩摩羅迦的佛門弟子。

有一天，師父叫我跟他到檀廟後的儲藏室。儲藏室一共有二十五箱木箱，他打開其中幾箱，裡面裝有很多的佛理經典與中外文學著作，希望我有空就拿出來研習，對我會大有助益。

我拿起幾本書，很高興又好奇地翻閱，它們在未來的時間裡陪伴我度過了六十幾個年頭，我也藉由它們增長了不少自己的知識和智慧。

之後，天氣又漸漸轉涼了，原本山上的草原還可以看見綠色的草地，但是現在草地已經逐漸枯黃凋萎，山風也逐漸加大，不時可以看見它們捲起大地上的枯枝散葉。下午三點後，山上的溫度就已經降得很低，到四、五點時，地面上就開始凝結白色的冰霜，到入夜後就會飄下雪花。

自從上山後，我只有躺過一次寢室的床，但它又硬又冰冷，無法讓我安穩入睡，所以我學著運用師父教習的方法取代臥床睡眠，這樣也比較可以抵禦山上的嚴寒。也因為這樣，我就習慣和師父一樣，一直到圓寂的那天為止，都沒有再躺過那張石床。

正式拜師學藝後，師父薩摩羅迦對我的要求便開始嚴格起來。不論天氣好壞，清晨五時天還沒有亮，就要起床盥洗、禮佛、誦經；六點鐘準時早課，閱讀相關的佛書經文與中外文學著作，師父幫我解釋我不懂的部分；九點後誦經祈福；十一點後禪坐入定至十二點半用饍、午休；下午兩點到五點到山上與草原撿拾枯枝與排遺。

這段時間是我每天在山上最開心的時刻，因為我可以認識山上的鳥類、動物和昆蟲，平時山上除了我和師父以外，就再也沒任何的人類，所以我會把牠們當成朋友，甚至說話的對象。其實大地萬物的天生靈性並不遜於人類，當牠們能接受我們時，我們彼此之間可以心靈溝通。

我根據牠們不同的外表，個別取特別的名字。當時間久了，我和牠們就逐漸熟悉彼此，所以也就變成了好朋友。牠們也多半會習慣在我會出現時來找我，我也會帶些小點心餵食，比如青稞丸子、新鮮的芒草捲、小隻的昆蟲等。這些點心讓我們之間更親近，這也是讓我最開心的地方！

這些生靈朋友們甚至會引導我找到枯枝和排遺，讓我節省很多時間和體力，印證了世上萬物皆有靈，端視緣份是否具足。

五點之後，我們開始禮佛、誦經、晚課禪修，九點後就寢，這就是一天所有修行的程序。

每當中秋過後，山上就會下起初雪，很快就會到嚴冬，也是修煉瑜珈禦寒法門的時刻。

師父要我著輕便服裝，在雪地中整理出一個夠用的空間，然後脫去穿來禦寒的衣物，僅剩棉製的貼身衣服，坐在雪堆裡面禪坐調息，學習讓自己的身心靈契合大地，與自然融合為一體。

愈來愈習慣霜雪冰冷感覺後，就可以愈來愈清楚感受到來自天地萬物的脈動和變化。那種感覺很奇妙，沒有自己親身體驗是無法參透其中奧妙的。

每日閱讀的佛書經典，不僅可以了解它的立意宗旨，更可以體悟到作者當下的初衷及心靈的訴求，還能夠額外讓我們體會到一些不可思議的能量與特別的悟性。

而中外文學著作可以讓我透過文學作家的詮釋，了解到中外人文社會的現況、思維模式及未來的變化，拓展自己知識的領域，增長多方位的智慧，這也是身為修行者最基本的修行原則和基礎。

平時在山上，我們的飲食要求最自然的全素，絕不殺生殘害生命。即使發現動物傷重身亡，我都會幫牠埋葬超渡，每日撿取的植物枯枝散葉都只選擇已經沒有生命的來摘取。其實這樣做只是尊重大自然，不隨意剝奪珍貴的生命。我們一天當中僅有的一餐，也只是食用最自然的天然穀物，配合牛奶中提煉出來的奶油、鹽，與茶葉做出來的酥油茶。這樣的飲食習慣主要是遵守戒律，還學習降低人性的欲望，澈底洗滌乾淨我們污穢的身心靈！

除此之外，在師父教習的諸多法門中，最重要的就是冥想：要學習它，首先要讓自我的情緒、心念達到真正的純淨無瑕，才能透過心法逐漸進入到冥想的境界。它的驚人力量可以讓人接觸到、了解、甚至超越一般人無法理解的領域，甚至可以藉由它的能量來開啟我們自身不可思議的自我能力。

我上山後，師父花了十五年的時間教習我傳承的重點有以下五點：

一、正常規律的生活作息，這是修行及身體保健最重要的基礎；

二、高尚的道德標準、正確的宗教理念；

三、提高知識學術的領域，奠定智慧累積的基礎；
四、培養學習正統的法門傳承；
五、引導自身的善良本性，訓練自我堅定的意志能力。
每隔三、四個月，我們就會下山替信眾祈福解厄，師父都會利用最後一天領著我去托缽化緣。剛開始教習時，他會先做一遍，示範給我看，然後再由我到另外一戶做一遍，直到他認為滿意為止。
原本我不懂，為什麼他要這麼嚴格要求我做好這件事？這件事的主要意義是什麼？師父說，托缽化緣其實不是我們表面上所看到的這麼簡單，不但考驗人性慈悲的本善，也是在公平對待天下眾生，每個人不分貴賤，能夠雨露均霑，有機會真誠付出自己的慈悲善行。
最重要的是，它在考驗我們放下尊嚴、我執、我慢、對人性的分別心，用真心誠意去感動別人，讓他們願意對我們佈施。我後來也慢慢體悟到師父的用心。

下山準備辦祈福法會，受居民接待

上山修行滿兩年後，師父要我翌年立春後隨他一起下山，替信眾祈福消災解厄。聽到這個消息，我感到無比高興，對我來說好像天上掉下來的一個大禮物，讓我整整高興了三天三夜，連走路都會雀躍。

那天終於來臨了，師父要我帶著正式的法袍，不過只有辦理法會時要換上，平常穿便裝就可以了。

早上六點多，我們吃酥油茶當早膳，接著就起程出發。或許是心情愉悅的關係，這天的步履明顯特別輕盈，也沒有一絲累的感覺。

到了傍晚時分，我們來到山徑中繼的工寮，準備過夜休息。我在附近山上找了一些乾草、枯枝、排遺，把火爐點燃，燒熱水，煮了一壺酥油茶。師父拿出木碗和青稞粉，我們開始揉青稞丸子填飽肚子，並喝了一碗熱呼呼的酥油茶，相當滿足。

入夜後，我和師父開始靜坐禪定。我和上次待在這間工寮時已經不同了，因為師父特別教習我禦寒的法門，所以此時我已經不再懼怕寒冷的氣溫。我們很快就進入了禪定入息的狀態，一直到天亮。

早上醒來，我起身去撿拾一些柴火，燒了一壺熱水，沖泡兩杯酥油茶，遞一杯給了師父，給自己留一杯。看到師父開始飲用後，我才跟著喝下熱茶，接著打理好工寮，開始了下山的行程。

經過了七、八個小時，我們已經來到了山腳，看見那戶貧困的人家。他們家最小的女兒兩年不見，稍微長大了一點，也變得漂亮多了。她看到我們，就從家裡跑出來，向我和師父合掌行禮。

這時，我從自己的袋子裡拿出昨天預留的青稞丸子，示意要她過來，然後拿給她。這時她臉上露出可愛的笑容，向我點頭謝謝。我微笑回應她，向她擠個眼神，然後她慢慢遠離了我們的視線。

其實我知道，她原本想要從家裡找些東西來供養我們，無奈家裡太過貧窮，實在找不到可以供養的東西。但也沒關係。

我們進入市區之後，我看到街上最大的一間寺廟門口已經有許多信眾等候我們多時了。他們看到師父後，向他行跪拜禮，這是當地人民對極有修為的高僧所行的最尊敬禮。

師父上前扶起他們，他們引導我們前往目的地，我也開始了人生第一次祈福法會活動。

第一位信眾是當地的村長，家中經濟富裕，家居甚為豪華，家中人口也很多。村長帶領著家人站在家門口迎接師父，他們一看到師父，全部家人便行跪拜大禮，再由師父扶他們起來。村長引導我們先進入他們接待客人的客廳，讓我們暫時休息。

我見到滿桌的點心、茶飲，看得目不暇給，心中樂開懷。此時，師父眼神看了我一下，我懂他的意思，於是馬上收斂了自己的行為，眼睛不再四處亂飄。

師父坐下來後，我坐在師父斜對面的位置上，他們馬上遞上了又濃又香的鮮奶製酥油茶，還有一整盤的許多種茶食。我從來沒有看過這麼精緻美味的甜食點心，趕緊壓抑住自己口慾。

這時，我看見師父瞥了我一下，他拿起杯子開始喝茶，我才跟著一起開動。我細嚼慢嚥，仔細品味在我口中的茶點，緩緩吞入肚，以充分感受食物的美味，再輕輕喝上一口溫熱鮮奶沖煮的酥油茶，閉上眼睛，深深去感受兩種美味結合的感覺，心中驚嘆：「太美味了！」高興得眼淚差點奪眶而出。我太久沒有吃過這麼奢侈的食物了，平常裹腹的食物簡單到只是為了填飽肚子。

我很快把屬於自己那份吃完了，之後就不再繼續吃下去。雖然我很期望再繼續吃，但惟恐他人誤會師父教習不嚴，而忍住那股欲念，靜靜看著師父和他們之間對談。

沒多久，他們家一位家人要我去沐浴淨身。我看了一眼師父，他點頭示意，於是我起身跟著進入浴室。浴室內有盛著熱水的木製大浴盆，在我當時的記憶中，我從來沒機會洗上一次這樣的熱水澡。我舒服地浸泡著熱水，差一點在浴室裡睡著了，他們家人又為我注入新的熱水，讓我再次享受那份極樂的沐浴。

洗完澡後，我換上他們預先準備好的家居服。他們也協助清洗我們的衣服。當我走出浴室，來到客廳時，桌上已經擺滿了豐富的晚膳，牛、羊肉的抓飯、燒烤、肉串、烤饢、烤包子、蕃茄羊肉麵，炸甜點、鮮奶酥油茶、乳扇（按：一種牛奶製品）、水果切盤，我以為自己來到了仙境，享受神仙般的饗宴。

師父早已幫我點好一碗蕃茄羊肉湯麵、一粒烤包子、一碗酥油茶，他自己吃的也一樣。我看了一下師父，他點了頭，我才開始食用桌上備好的食物。由於食物又香又美味，我不希望很快就狼吞虎嚥吃掉，所以重覆之前的食法，慢慢品嚐食物的美味，但還是不自覺很快就吃完了。

吃完師父為我準備的食物後，我也不再繼續吃，靜靜坐在旁邊，聽師父和村長一家對話。沒多久，師父要我先回房間去休息。

村長家人引導我進到他們準備好的房間，我進入房門後一看，他們已經把我們帶來的行李、物品都預先放在這間房裡了。房間雖然沒有很大，卻很溫暖，裡面的床很大，床上鋪著厚厚的羊毛毯，又軟又暖。我爬上床後，睡意很快就來了，我感覺全身所有的關節一下子全部鬆了。

我強迫自己坐起來，運用師父在山上教習的法門，禪坐入息，很快就入定，臉上揚溢著滿足的笑容，一直到第二天早上未曾消失過。

師父好友虹化圓寂

有一次下山，師父趁機帶我來到郊區山丘上的一座小廟，拜訪此處的住持。

住持是師父多年的好友，也是一位西藏很有修為的高僧，年紀已經有八十歲了，但是依然神采奕奕，從外表看不出真實年齡。他有六位嫡傳弟子，他們在印度、尼泊爾、西藏地區都頗負盛名。

師父說，這位住持在六歲時就剃度入寺修行，多年來的修為令人津津樂道，佩服不已。他最打動人心的部分，是他雖然出家很久且德高望重，但在言談投足完全如平凡又單純善良的百姓般親民，如果沒有削髮剃度、著僧侶法袍，根本就感覺不到他是一位長年出家的高僧，這種修為的境界被稱做：「修為無形，無所不修」，和一般的修行僧侶有極大的差異。

也因為這樣的因緣和截然不同的能力，才能夠讓出色、獨特又有為的修行者願意跟隨他修行。他從出家的那天開始，就隨時隨地提醒、鼓勵自己意志需堅定，承諾必須實踐，不容許存在模糊的空間，所以造就了今天引以為傲的上乘修為。

三年之後的某天，師父突然要我陪他下山去那間佛寺見住持，他沒有再說明原因，我們就匆促下山。這次我們不但沿途加快腳程，連中途休憩的行程都省略了，我們整整趕了24小時的路程才來到了寺院。

我們進了寺廟大門後，住持的大弟子親自代表他的師父接待我們。首先，他告知住持的現況，然後引導我們先去禪房梳洗休息，之後再引導我們和住持見面。

見到住持時，他禪坐在床上，依然面對弟子談笑自如，並沒有感覺他有任何的異樣。但是我看到他所有弟子面色凝重，不發一語聽著住持交代重要事情。

當住持看到師父到場後，師父上前，和住持在耳邊輕聲細語一陣後，他們互相微笑點頭，師父才回到原來的地方坐下，繼續讓住持交代弟子事物。

就在這時，我忽然感覺到現場的氛圍開始變化，有一股很特別的磁場逐漸包圍住持，能量愈來愈強。

這時，所有的弟子全部退回到原位，跪在地上。師父和我也跟著跪下來。

此時，我專注觀察住持身上的變化，發現他臉上依然露出了笑容，並且向現場所有的人點頭致意，像是和所有在場的人告別。

接著，他身上開始泛出陣陣淡淡的光芒，逐漸消逝在眾人的眼前。

然後，光芒從他的禪房開始向戶外移動，所有人都跟著那股能量來到外面，忽然，能量衝上天際，化成清晰的兩道彩虹。

我們清楚地看見了彩虹，它沒有維持很久就消失不見了，

我看了一下師父，他向我微笑點頭，暗示等等會跟我說事情的原委，我對師父點了點頭。

師父把住持的六位弟子叫到他面前，交代一些重要的事情後，就帶著我到他們準備的禪房，服用簡單的食物裹腹，我們師徒兩人就禪坐入息約莫三刻鐘，之後便離開了寺院。

在我們返回山上檀廟的路上，甚至是回到廟裡後，師父都沒有再跟我談過他好友的情況。

一個月後，在一個晴朗的下午，師父帶著我去撿拾枝葉、芒草、排遺，邊走邊告訴我那位住持好友的事情。

他說，我們目睹的整個過程叫做「虹化圓寂」，是修行者圓寂涅槃的方式當中最高乘的方式之一，只有修行好、功德悟性圓滿的修行者才可能享有這種方式的圓寂，這也意味著這位修行僧人已經修得正果，悟性成佛了。

虹化圓寂的方式有兩種，當時機來臨時，當事人就會自行停止飲食，甚至不再飲水，禪坐入定，等契機現化。接著會有兩種可能的現象，一是當事人肉身逐漸縮小，直到完全消失無蹤；二是當事人的肉身影像會逐漸消散，直到完全消失。無論肉身是怎麼消失的，一旦肉身形象消失後，都會轉變成一股能量回返天界，這時我們就可以看見天際出現彩虹，而這彩虹就是當事者身上的能量。

因果轉世，還債而來。

應願轉世，乘願而來。

基本上，應願投胎轉世是給有慈悲濟世、心念有修為的故人圓滿夢想心願的機會。藏傳佛教自古有投胎轉世、乘願而來的認證軌儀，也是確認往生者身分最好的方法。

其實世界上修為很好的人不在少數，有些人雖然沒有投身宗教行列，但依然可以有很好修為，應願轉世、乘願而來，其實並沒有任何宗教、身份、貧富、地位的分別，重點在於個人是否具足正確的觀念、品性、修為、願力而定，只要符合條件，自然也可以參與，而絕非特有教派、修行者所獨有的特權。只是絕大部分有修為的人都保持低調。

只要我們每個人有意願，而且符合標準，同樣可以應願投胎，乘願而來；同樣的，只要我們願意認真修持，一樣可以修成正果悟性成佛。

師父涅槃圓寂，換我來傳法

我15歲時從蒙古逃亡，經新疆的樓蘭古國，輾轉來到尼泊爾的加德滿都，這中間歷經了6年的時間。

在滿21歲時，我在加德滿都有緣遇到師父薩摩羅迦，他收留我，帶我到尼泊爾山上的檀廟修行。

20年後，師父完成他這一生的修行使命，在滿85歲的這年涅槃圓寂。

從師父81歲那年開始，我感覺他行為有點怪異，他突然喜歡去看檀廟旁邊的山丘，自言自語打量著山丘的地形。

三個月之後，他終於跟我說，他要在檀廟旁邊的那座山丘挖一座山洞，但是沒有說明用途是什麼。

師父要我準備挖掘土石用的基本工具，幫助他完成開挖山洞的工程。因為此地的地質是礫石砂岩，相當不好挖，我們花了三年的時間才完成山洞粗坯修整階段，接著才開始整理山洞內外的修飾。

山洞內部是一個近似圓形的空間，正面砌了一面石牆，上面開了個小門，門的上方有預置石礫和砂土以備封閉大門之用，師父的禪席就放在石牆後方的空間。

從我協助建造山洞，也就是師父的涅槃圓寂地後，師父的食量開始明顯減少，到後來僅食用少量流質食物和飲水。明明他從事體力活動的時間增加，但是降低飲食竟然沒有影響他的精神和體力。

完工後過了幾天，一晚，師父約了我到大殿，我們面對面坐在禪墊上。

師父說：「我涅槃圓寂的機緣到來了，我們的師徒緣份也已具足，未來你要獨自完成最後的法門驗證，透過巡迴各地，傳習證法，來完成這些年的修行。」

師父建議我證法的路線是由「尼泊爾→不丹→印度→孟加拉→尼泊爾→西藏→尼泊爾→檀廟」，整條路線為期約18到20年。完成之後，我要撰寫傳法記實，編纂成冊，然後請山下師父好友的道院存庫協助保存。接著，我就可以著手整備自己圓寂的事情。

師父特別交代我，必須把檀廟放火完全燒乾淨，才可以準備圓寂。因為師父准許我傳法，但是不用收門生，弟子留法不留寺。

我將師父交代我的事情逐一記錄，不容疏漏。

涅槃地整備完成的三天後早上，我幫忙師父換上了乾淨的法袍、袈裟、頂冠、鞋襪，師父為我披上了一條白色的哈達（按：哈達為白色的長條布幔，是西藏、尼泊爾一帶的傳統法器，獻上哈達是表達對尊者的敬意），祈福我未來的修行一帆風順。

我跪下來答謝，然後起身，攙扶師父來到大殿，焚香向所有供奉的菩薩辭靈。

結束後，我陪著師父走入涅槃地，扶他坐上禪墊，然後遞上一杯清水和一條溼毛巾，他用完後交還毛巾和空杯給我，就闔眼坐在禪墊上，沒有再說話。

我拿起火摺子（按：古代的點火工具），點燃室內的前後兩盞酥油燈，讓洞內更加暖和溫馨。

我沒有離開涅槃地山洞，一直陪著師父。

第三天清晨，天剛亮，我看到師父打開了雙眼。他看著我，露出這段時間很久沒有看到的微笑，然後點頭，看了一下地上的碗。我倒了一碗水給師父，他喝了半碗，然後把碗遞給我，向我說聲謝謝。我點頭回應。

師父再度闔上雙眼，山洞內的氣場開始變化，室內突然出現一股特別的異常香味，這種天香充斥在整個涅槃地。

師父又緩緩張開雙眼，注視著我。

我隱約可以看到，他的眼中含著淚水，因為他不忍離去，獨留下我一個人。

不一會，他又閉上雙眼了。

這時，我知道師父涅槃圓寂了，跪了下來，向師父行了這生對他最後一次的五體投地九拜大禮。

我熱淚盈眶，眼前的一切早已經模糊不清，內心充滿無比的感恩以及悲傷，複雜的情緒交織在一起，化也化不開。

這一輩子從小到大，雖然親身經歷了父母、親人接踵而來的身故，我自己也重覆面臨過無數的災難劫數，都沒有比這次恩師的圓寂更讓我如此悲慟，因為師父薩摩羅迦對我的恩情包含救贖、養育、教化、啟迪，以及人性最尊貴無私的大愛。我幸蒙重恩，卻無法回報恩人於萬一，這是我生生世世都無法彌補的憾事。

我清理乾淨涅槃地內的物品後，把自己親手做的羊皮袋和水囊放在師父的身邊，走出涅槃地的大門，拉下備索。

此刻，門頂預置的礫石砂土傾洩而下，掩蓋了整個大門。我就在大門旁放置一塊禪墊，一瓶水，坐了下來。我決定用一年的時間為師父守靈，並且拿起紙筆，規劃未來巡迴證法的細節。

這次的巡迴證法完全沒有經費，所以必須邊傳習邊勸募、托缽、乞討來維持沿途所需要的經費及資糧。

因為證法採用步行，所以要盡可能減少路上駝負的物品，所以我之後利用舊木料製作可背負的大行李箱來承載所有必須行李。

隨著證法出行的日子接近了，我把檀廟的食物分出一小部分供隨行食用，其他食物則分批拿來餵食山上的飛禽走獸，以免浪費。牠們非常興奮地接受分享，我也可以在牠們的表現上明顯感覺到牠們的感激。

守靈一年的時間到了，我也準備好證法行程的行李。出發前一天，我先向大殿的菩薩稟告，再去師父的涅槃地辭行。接下來就要出發了。

我的證法與圓寂

證法行程出發的那天，我早上起床後，簡單吃了一碗酥油茶及幾顆青稞丸子，接著上大殿，考量到我之後將離開十幾年，我並沒有點香，而是雙掌合十，向菩薩辭行起程，接著把檀廟的門窗都關上後，就出發下山了。

由於背上多了一個快半個身體高的行李箱和駝負的行李，行走山路時有點吃力。我花了兩天來到山徑的起點，注意到原本住在這裡的那一戶貧戶早已人去樓空，原本破舊的房子也成了廢墟，一股難過的心情湧上心頭，不知道這家人現在是好是壞，全家人是否安好？他們家三個孩子如今應該都已長大成人了，只是不知道人在何方，願上天保佑他們全家一切平安如意。

到加德滿都市區時，太陽已經下山了。我找到當年逃亡到加德滿都緣遇師父的那間大廟，到外面的角落暫時休息，簡單填飽肚子，並到廟裡補充飲水後，就回到原來的地方打禪入息了。

第二天，天剛亮，我就被一大群早起的鳥兒喚醒。簡單盥洗後，我正式開始傳習證法的旅程，由加德滿都巡迴傳法尼泊爾，再由尼泊爾進入不丹，再從不丹進入印度、孟加拉、尼泊爾、西藏，結束後再重返尼泊爾，回到加德滿都山上的檀廟。

對我而言，這趟旅途歷經的每一個國家與地區，都見到不同民族、不同習俗與不同的生活方式，每一種的特質都不一樣，新的接觸都是人生中最大的驚奇，如前人所說：天涯若比鄰。其實世界上最好溝通的方法就是誠意和微笑。

以下介紹一下我到達的地方。

一、尼泊爾是比較貧窮的國家，人民知足常樂、善良誠實，有很虔誠的宗教信仰，以印度教為主流。

二、不丹是個很小的國家，人口也不多，人民崇信佛教，人民純樸善良，殷實安逸又知足，是個口碑很好的國家。

三、印度是很古老的宗教國度，以印度教為主，人民以五大種姓構成，這也是造成國內紛紛擾擾、種族歧視紛爭的主因。

四、孟加拉原本屬於印度，因為種族歧視問題，演變彼此仇視衝突，最終演變成獨立分裂的情況，孟加拉因而獨立建國，目前是個極貧困的國家。

五、西藏是中國最靠近尼泊爾的省份，也是藏傳佛教的發源地，人民善良純樸，能歌善舞，篤信藏傳佛教。

師父曾經指示，在傳法階段，每隔一週就必須做一次化緣托缽。我原本不瞭解他這項要求的用意為何，但親身經歷過後，我逐漸懂得師父的用心。

依照佛教托缽的軌儀，托缽者必須著清潔整齊的修行服儀，赤足，手持圓缽，於每天早上禮佛後至中午午時前，向民眾、住家誠心誠意請求施捨佈施，若遇有緣人佈施，需答謝佈施者，且不可以拒絕佈施者所佈施的食物或物品。

托缽化緣的正意涵是：

一、讓托缽者放下自己的自尊及傲慢心。

二、學習用自己真誠的心去感動他人，使他人肯佈施。

三、讓自己有機會去感受貧困挨餓，真正去體驗受苦的心境。

四、給所有的人，無論身份貧富貴賤，都有資格、有機會嘗試佈施功德，付出自己的善心。

五、真切去體驗人性的善惡。

六、堅持自己修行意志，不忘初心，有始有終。

光陰似箭，巡迴傳習證法來到尾聲，我在西藏拉薩的布達拉宮舉辦最後一場法會後，我一邊休息，一邊仔細去感受西藏地區的人文地理、民情和風俗習慣，做為自己未來轉世投胎考慮的選項。這次傳法時，我將不丹、印度、西藏列為轉世投胎的考慮地區。

傳法活動結束後，我開始啟程返回加德滿都，準備回山上的檀廟。由於沿線信眾感恩，贈送了三匹馬幫忙駝負行李，又有善眾捐贈的物資及經費，讓我的回程路途備感輕鬆。

到了加德滿都後，我連繫師父生前好友那間寺廟的弟子，將大部分的經費、物資轉捐給了他們，請他們轉送給更多需要幫助的貧窮眾生。當然，信眾捐贈的三匹馬也一併捐給了他們，因為我在山上自己一個人生活也用不到。我僅留下自己夠用的物資回到山上的檀廟。

我經過山徑旁熟悉的破舊農舍，那裡早已人去樓空，激起我的感慨：「山河依舊在，只是人已非。」

和以前一樣走了兩天的山徑後，終於回到暌違已久的檀廟。

離開檀廟，起程證法時，我45歲，回來後，我已經65歲了。

我將駝在背上的行李放下，重新打開了檀廟的門窗，並點上三柱清香向菩薩請安。

接著，我走到師父的涅槃地山洞前跪下行禮，稟告：「師父，我已經圓滿完成您交代的二十年巡迴證法。」

稟告完後，我坐在地上，來回觀察檀廟及四周。因為久未見人煙，周遭早已顯現出荒涼孤寂。

那天晚上，我就簡單露宿在師父涅槃地旁的地上，過去在這裡生活的記憶慢慢浮現。

我離開檀廟二十年了，似乎忘記山上夏季美麗的星空夜景，和入夜後大地披上薄薄晶瑩剔透的霜雪。星光微弱的光芒，在霜雪中散出令人嘆為觀止的美麗景緻。我再次感慨，大自然的力量絕對不是人類的能力可以取代的。

回到檀廟一週後，我開始撰寫證法回憶錄。

有一天，我發現師父圓寂的山洞門牆上出現了一個小洞口。我把洞口擴大以便探查內部情況，這時才發現門口後方的那堵石牆已經坍塌了——但洞內的師父已經不見了，只剩下他曾坐著涅槃圓寂的禪墊，猶如墊子上從未有人，沒有留下一絲的痕跡。更奇怪的是，室內莫名的傳出一陣特別的異香，我無法理解為何會有這樣的氣味。

我努力爬進去檢查，確認裡面完全沒有師父的遺體，和他身上任何遺留下來的衣服、物品，他就這樣憑空消失了。當年是我親自帶著師父進入涅槃地，親眼見證他的涅槃圓寂，也是我親自拉下土石，封閉了山洞唯一的出口，所以他不可能從坍塌的小洞中離開消失。

我帶著忐忑的心情走出山洞，回到大殿，向菩薩請示師父失蹤的事。

祂們跟我說：「這就是他自己涅槃圓寂的方法。」

我終於領悟到，師父也是以虹化的方式圓寂了。而山洞內飄出的那股香味，就是菩薩降臨凡塵時，祂們身上所散發出來的天香。

我重新用礫石及砂土把山洞門牆上的破口處補起來，恢復原來的樣子。

經過5年的時間，我把20年傳法的經歷撰寫成冊。完成後，我利用下山為人祈福辦事的機會，把撰寫完成的記錄送到熟識的寺廟保存。

當這些事情都完成後，我也開始選定自己圓寂的地方，終於在距離檀廟前方不遠的地方找到了一座小小的山丘。我以前常常會看見一隻鷹鷲盤旋在山丘上，有時牠會佇立在小山丘上休息，而且這座小山丘面對的就是珠穆朗瑪峰。

我請示菩薩後獲得同意，再請山下的信眾、好友上山，幫我一起來完成。這項工程施工陸續花了兩年時間才完成大部的粗胚工程，接著由我自己慢慢修飾內外到可以用為止。

現在，山上只剩下我一個人，因為已經習慣了這樣的生活環境，愈是沒有人來打擾，我愈發感到自在，何況山上還有野生的動物飛禽，祂們也是擁有靈性的，所以上山以來，其實自己就從來未曾感覺過孤獨寂寞。

在我滿86歲的那年春天，我向菩薩許下了願望：願我下一世可以投胎在我的國家西藏這塊土地上，延續師父薩摩羅迦傳承下來的法門，將其發揚光大，造福眾生，並且修德積福，來化解、撫平自己歷代的祖先親人累世造下的因果業障，讓大家來世皆得平安順遂。

許下願望的三個月後，我如願圓寂了，在尼泊爾山上經歷六十四個年頭的修行歷程，此時此刻劃下了句點。

接下來，我投胎轉世在西藏。

我的三世之前：投胎到西藏修行

三世前的我，在出生六個月時，因為家中生活貧窮困頓，養不起孩子，所以父母不得已把我遺棄在西藏拉薩甘丹寺的門口，希望寺方能夠收養，讓我有活下來的機會。

寺裡住持師父在天快亮時，因為聽到嬰兒的哭聲，於是打開佛寺的大門，發現了一名小男嬰。當時我身上被破舊的衣物包覆，外面再包覆一層乾草編織的草蓆，棄在佛寺大門外。

此時，外面已是大雪紛飛的寒冬，住持師父趕緊將我抱入寺裡，來到他的禪房。他幫我換掉早已經被雪水浸溼的舊衣服，然後換上棉質的乾衣物，並且裹上羊毛毯，並吩咐弟子用青稞粉煮成麵水加酥油餵食我，味道就像是稀釋的麵茶糊再加上一點牛奶。

經過師父這樣照顧後，我吃飽了，又蓋上暖和的毯子，很快就睡著了。

也許是因為被丟棄在寺外凍得太久了，所以我在溫暖的禪房裡睡了很長的時間才甦醒。因為我年紀太小，住持師父特別安排一位俐落的小師兄在住持的禪房裡照顧我。他特別讓出自己的床位給我們兩人睡，自己就坐在禪墊上裹著毯子，以禪定的方式入定休息。

對住持師父而言，我的出現就好像是上天送給他的一個孩子！我兩歲時，特別喜歡去翻看住持師父的佛書經文，尤其是以梵文著作的書籍。

有次住持問我：「你了解經文是在講什麼嗎？」

我點頭回應。

他很訝異，問我：「那你手上這本梵文著作寫的內容是敘述什麼？」

「是介紹印度聖人希達多的梵文傳記。」

這個回應把他嚇到了，他接著問：「你為什麼會知道？」

「我好像前世有看過這本傳記。」

就從那次之後，住持師父開始拿更多的佛學經典給我看。我都會安靜地閱讀，不懂就會問旁邊的小師兄，或是直接問住持師父。

三歲時，住持師父從布達拉宮請了三位資深的執事高僧來認證我的身分，結果這次認證沒有成功。住持師父一直耿耿於懷，知道其中一定有他無法了解的地方，所以一直沒有放棄想要找到正確答案的企圖心。

我五歲時，住持師父再次邀請幾年前曾經來過的布達拉宮執事高僧，並請到一位印度頗具知名的苦修頭陀法師，及尼泊爾的佛法高僧，大家一同到寺裡為我再做一次認證。

他們預先在桌上準備了歷代修行高僧曾經使用過的法器與隨身物品、信物等。儀式開始後，我坐在他們指定的椅子上，高僧唸誦上稟天地的奏文，然後要我走到放滿法器、信物的桌子前，去找我熟悉的東西。

我很快就看到前世在尼泊爾山上檀廟修行時，親手替師父薩摩羅迦縫製的狼皮背袋及羊皮水囊。

他們問：「這是誰的？」

「這兩樣物品是我在尼泊爾修行時，在師父薩摩羅迦生日的當天，送給他的祝福禮物！」

師父薩摩羅迦在印度是頗具盛名的苦修高僧，印度人稱他為「苦行聖人」，而我是他那一世唯一的嫡傳弟子，所以等同於符合藏傳佛教「仁波切」的資格。仁波切可以用來稱呼學識楷模，很高修行的高僧，或者是轉世並被認證的高僧，而我屬於最後一種。

從那天的認證後，寺裡又特別派了一位師兄要全天候照顧我的生活起居，不過我跟住持師父說，只希望留下原來的小師兄陪著我就可以了，住持也欣然接受。

有一天，住持問我：「你是否準備好剃度修行當和尚？如果同意出家，那麼想要找什麼人擔任你的師父？」

我直接向住持說：「當年就是您救了我的命，並且把我當成自己親生的孩子撫養，我沒有理由不認這份恩情，所以我希望這世追隨您為自己的師父。」

他聽到了很高興。

一如我所願，師父選了一個良辰吉日，完成了我皈依佛法的典儀，我也正式供養師父，跟隨他學習和修行。

之後師父問：「你有沒有興趣到山上的藏經閣？它是蓋在拉薩一座丘陵地上方，一塊平坦的山地上面。一方面你可以管理那邊，另一方面也能充實自己的學能知識。」

我點頭答應了。所以我六歲時，就帶著小師兄及原本就已經在山上管理藏經閣的幾位師兄，接受了這項工作。

藏經閣建在風景很優美的山區，距離甘丹寺沒有很遠，左邊有一道松樹林，前面俯瞰村莊，而村莊後面是雪山，當地人稱做聖山，右邊是山丘，後方則是層層的山巒，每一方向都極具風景特色。

它外觀並不華麗，但內藏極為豐富，有著近百萬冊的世界宗教、佛典、經冊及名人著作，如同一間小型的圖書博物館。師父第一次帶著我進到藏經閣時，我就深深喜歡上這個地方，也希望這裡是自己這世最後圓寂的安心地。

雖然我離開甘丹寺，上山管理藏經閣，但是所有的作息規定都同樣比照寺內，住持師父每隔兩天就會上山，或是委派執事前來勘察。

他經常會到藏經閣教習我和在這裡修行的師兄們，除了有共同的課目，也有分別的課目，另外每隔三個月，住持師父都會帶著我到拉薩的布達拉宮。接受每次為期七天的特別課程教習，這是針對培訓仁波切的養成教育。每次師父送我到這裡後，他會交代並提醒我們一些事情，然後就趕回寺裡，待進修七日期滿再來接我。

當我滿十五歲後，就沒有再安排到布達拉宮的進修，直接由師兄陪我直到二十歲滿。接著，師父開始把他自己這一生出家修行所體悟出來的精髓傾囊傳授於我。他要我做以下事情：

一、定期去幫助先天弱勢的人。

二、勸化人們收養善待遭遺棄的動物、生物。

三、勸導人們不要隨意砍伐傷害植物、森林。

四、招募捐款，供養上述需要幫助的對象。

因為我無法理解師父的用意，所以找了一天請教師父：「師父，為什麼要做這些事情？」

他說：「所有的人當中，什麼樣的人最需要別人的幫助？生命是無價的，人類最不尊重哪些生命？我們該如何去幫忙他們？」

經過師父的提示，我終於領悟。於是接下來在甘丹寺修行的日子，除了正常參悟佛理、研習法門、研讀佛書經典、中外名著典籍，還另外再加上托缽化緣、幫助弱勢、珍惜勸化愛惜生命、招募慈善捐贈。最後，我們每隔六年就做一次區域巡迴傳法，這些功課就是這世的師父所給我的任務。

在西藏地區，民眾非常敬重出家修行的僧侶，所有的僧人都由忠實的信眾主動提供供養，所以我外出做托缽化緣的舉動是當地絕無僅有的例子，讓很多民眾詫異地問我原因。

我很懇切地回答他們：「我們能夠獲得民眾認同，佈施供養，原本就是非常殊乘的榮耀，那麼就應該由我們這些出家的僧侶代表菩薩，對你們致上最高的敬意和感恩，並且隨時隨地提醒修行的我們，不可以因為自恃有為數眾多的信眾、善心的供養佈施，養成我們傲慢、驕縱心，辜負了眾生良善的美意。也希望讓天下的眾生，不論貧富與否，都可以盡自已一份心意參與善舉！」

每次解說完後，我都會真心誠意跪下，向眼前的民眾答謝。

也因為我做了異於一般西藏出家僧侶的舉動，結識了許多願意跟隨我出家修行的信眾，其中一位在三世之後出生在台灣，又重新成為了我的弟子。

西藏多數人民的物質生活水準都非常貧困匱乏，但是他們天性善良、知足常樂、樂善好施，願意和他人分享自己的善心和真誠，在世上實所罕見，這讓我更對自己前世所做的應願轉世、乘願而來的決定有信心！

這裡分享一件趣事，西藏人民常常掛口的一句問候語：「札西達拉」華語可譯為「你好」，代表這個民族善良好客的本性。

其實札西達拉的由來另有一說：有一位乘願而來的菩薩，投胎轉世到西藏修行，由於他的外表穿著異於西藏僧侶，臉相又和彌勒菩薩的化身「布袋佛神」相似，每天笑臉迎人。

有人用藏語問：「你是誰？」

不知道是他不黯藏語，或是沒有聽清楚意思，他隨口回了一句：「咋喜到了。」

其實是在告訴信眾，他很高興來到西藏。藏民聽成和藏語一樣發音的「札西達拉」。

後來，他幫助藏民做了很多宗教的改革及善舉，並爭取藏民福利。藏民為了感念他的慈悲善行，就沿用他曾經說過的這句話來紀念他。

雖然這只是傳說，不過，「札西達拉」在藏語本就是問候語，在當地碰到有緣人都會一概以札西達拉問候，可以理解為：「菩薩你好。」這就是今天西藏人口中「札西達拉」另類形容的由來，既可以讚美對方，又能夠留下好印象。

在西藏甘丹寺修行的這一世，師父要我以真誠的心念融入人群，充分感受、體會、傾聽他們的需求，也讓我去尊重幫助世上其他生命（生靈界）生存的權利，因為生命是珍貴而無價的。

當師父涅槃時，我正巧在外地弘法，沒有來得及隨侍身旁，所以待完成弘法行程後，才急忙趕回師父涅槃圓寂地，瞻仰老人家，並向師父稟告自己如期完成他所交付的使命，告慰在天之靈。我當下也許下諾言，願意從事這任務，直到自己涅槃圓寂為止。

最後，我在西藏甘丹寺修行到了80歲那年，終於涅槃圓寂。

圓寂前，我跟隨前世的師父薩摩羅迦給我的建議，來世乘願再度回到西藏拉薩，完成修行濟世的心願。之後的故事就留待下次再說了。

六、風水故事／萬物有情

夫妻這麼衰，原來是因爲房子變成陰陽通道

有一對年輕的夫妻，買了一棟集合式別墅住宅，社區內總共蓋了十戶。因為社區位於近台中某風景區的河邊，所以很受歡迎，這對夫妻還慶幸買到這裡的房子。

經過一段時間的裝潢後，他們搬了進去，準備要過幸福的人生。但隨著日子一天天過去，先生似乎感覺到自己的運氣開始差了起來，常常莫名其妙就碰到阻礙，夫妻之間吵架頻率也愈來愈高。

他們地下室更是發生許多令人不解的現象。

首先，深夜十一時後，地下儲藏室常常出現莫名詭異的聲音，好像有一群人在說話，但聲音異常低沉。

再來，地下室的門有時會開開關關，但是下樓去看時，門卻是關好的。

最後，每當他們接近地下室時，人就會變得異常不舒服。

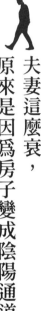

上述的許多情況時常發生，對他們的生活影響愈來愈大。先生之前投資的兩家工廠突然倒閉，他們的睡眠品質莫名變得很差，太太甚至衝動割腕自殺。

先生找到我的一位學生，請求我協助他們，我們很快就安排好時間，我這邊專程跑一趟他們家確認情況。

約定當天，我開車到達目的地，下車時，就感覺到一股很不尋常的氣場，很像來自地獄的氛圍。

我順著這股氣場的引導，來到了他們家的地下室，原本自己打開的門卻自己又關上了。

我立即向菩薩請示這個情況，菩薩說：「這間房子因為開挖了房子中間的地下室，無意間打通了陰陽兩界的通道，所以陰間的亡靈就利用這個通道往返於陰陽兩界。」

我問菩薩：「那要如何封掉？」

祂說：「你要右手執法筆，左手拿佛珠，恭請九大菩薩護持後，下令亡靈全部退回陰間，避免受到無謂的傷害。接著封閉地下室的大門，用法筆結上梵文光明咒及九大菩薩，最後加上一層六字大明咒做最後的封印。」

我照著菩薩指示做一遍後，果然封住了陰界的通道。

接著，我幫他們家由上到下的全部房間做淨宅結界，並用奇門遁甲法門在他們夫妻身上結界護持。

見到他們兩人意識都逐漸恢復正常、鎮定後，我告訴他們事情原委。

「原本這塊土地屬於河流行水區的沖積平原，河道整治後，表面上已經沒有水流經過，但事實上，地底已經形成永久的地下水道。當這裡開發成建地後，一般的別墅高度有限，所以向下開挖深度不深，不容易挖出含水層，但如果蓋的是大樓，那麼挖地基時一定會挖到含水層。既然是河道水層被開挖，那麼就有機會挖到陰間通路，你們的情形就是這樣。」

聽完我的解釋後，他們夫妻跟我分享他們的衰運。除了前述的工廠倒閉，以及妻子鬧自殺（而且原來有三次），還有一件事是妻子好不容易懷孕，卻也流產了。

他們問：「現在我們要怎麼做才對呢？」

我告訴他們：「現在，你們就配合我說的方式處理，處理好了就不會再有問題了。但是你們曾經在這裡受害，再住下去會有陰影，所以我建議賣掉房子。也請你們放心，地下室的封閉是使用無形的能量，外表上沒有任何痕跡，買家住進來也不會再受到影響。」

他們聽從我的建議後，貼出售屋資訊，房子很快就賣出去了，而且價格也比原先買時高很多。現在他們搬回故居，一切平安順利。先生生意也開始變好了。唯一的遺憾，是太太經上次流產後，目前尚未再有懷孕跡象。

他們夫妻準備再請我幫忙子嗣的問題，不過目前為止我尚未同意。

陽宅、陰宅的原理本來就是一門很深奧的學問，不可不慎！

家中怪事不斷，原來是房子壓在別人墳墓上

這次故事發生地點是在台中某一間學校旁。

這間學校的校區與周邊其實全部都在舊墓地的範圍內，墓區範圍非常大，雖然已經有很多人遷葬，但是有更多的家人選擇棄葬，不遷不移不整不拜，任其荒廢。久而久之，墓碑因為人為或自然因素而消失，但是地下依然保留亡者的骨骸，滿佈皆是。

因為常人無法一探究竟了解內幕，所以不知道其嚴重性。有一對夫妻認為這裡的地租便宜、交通方便、而且地主保證自己所有的土地都沒有涉及到任何的墓地，所以租下一大片，蓋起了自己家庭住的鐵皮屋，與出租外人的廠房建物。

他們夫妻及五個孩子都認為是天上掉下來的禮物，卻不知道房東租給他們的地有80%安葬過亡者，這裡將帶領他們家庭面臨不斷的災難厄運！

房子與廠房興建完成後，他們很快便遷入了。

一開始，他們對未來抱持著樂觀的期待，但是搬進去後，他們所面臨的困境，絕對不是他們所期待的結果。

第一次發生嚴重的靈異事件是在搬進去剛滿一個月的某晚，大概十一點左右，夜深人靜時分，他們飼養的狗群輪流嚎嘯，然後狂吠。家人趕緊跑出來，到院子確認情況，看到四周出現很多黑影，移動的速度非常快，根本看不清楚樣子。

外面的空氣突然變得明顯陰冷異常，給人毛骨悚然的感覺，嚇壞了所有的家人。這時，家裡的狗全部集中焦點，注意在右前方的一棵椰子樹，隱約可以看到剛才的那群靈體（後來我才確認，他們是一群墮胎後被遺棄的幼小遺體）。

家人心生恐懼，陸續回到自己房間，那晚的恐懼已經深深烙印在他們的心裡。

接著，家人們陸續夢到奇怪恐怖的夢，或被突如其來被莫名詭異的事物騷擾。他們有人到寺廟去求籤，菩薩給的籤詩，解析寓意是：「他們住在眾多墓塚之上。」

在他們入住第五個月時，發生第二次較嚴重的靈異事件。當天晚餐後，太太到神明廳收拾整理。她沒有點香，但是神明爐及祖先爐自己冒出香煙，然後客廳突然出現斷裂的人體飄浮在空中，包括頭、手、四肢與身體，嚇得太太衝出神明廳。

她找到家人重回神明廳，但除了尚有一絲香的味道，其他的異象全部不見了。這時，家人再也按捺不住了，商量要請老師到家裡來處理，便找上了我。

他們第一次來請示我時，我認為男主人的品德上有很大的瑕疵，因此回絕。但後來太太連續來請求，我請她先去一間我指定的寺廟，向主神觀音菩薩請求同意後，再來跟我說，屆時我再考慮是否到府幫忙。

她求了很久，菩薩終於同意了，她很快就跑來找我。但是我開出三個條件，要她轉告先生照做，否則請他們另請高明。

條件就不細說了，但這三個條件無非就是考驗、教化先生的觀念與品德。三天後，她先生心不甘情不願地答應了。於是我們安排在一週後進行初步勘查。

一週後，我來到他們家，我先繞著他家走一圈，再看看每間房間，最後選擇在神明廳的位置坐下來。

這時，旁邊出現了一位小嬰靈拉我的褲管，然後用手指著右前方的一顆椰子樹，似乎要跟我說什麼。

我隨著他走向五、六十公尺外的椰子樹，才發現樹底下有一大群被棄葬在這裡的嬰靈，數量應該不少。我知道，這些都是婦產科醫院的人工墮胎手術嬰兒，他們的遺體交給葬儀公司處理後，業者沒有按照民俗及法令規定處理，隨意找個地方挖洞，就集體埋葬了。

接著我回去勘查他們家及另外蓋的出租廠房，發現他們家的鐵皮屋底下總共有16座墓塚，而另外三間廠房底下都有墓塚，合計共有38座，難怪他們搬來後發生了這麼多事情。

畢竟，沒有人願意被集體丟棄在隨便挖出的坑洞，毫無尊嚴，連隻畜牲都不如；也沒有人願意自己的家被別人的家壓在下面。

勘查完畢後，我把情況告訴他們夫妻，兩人都嚇傻了，追問我要怎麼處理。

我告訴他們：「我們必須協調所有受到影響的亡靈與嬰靈，讓他們同意我們請求菩薩將他們超渡投胎，這樣就不需遷移墓地或廠房，因為靈魂全部都投胎去了，留下來的東西就沒有任何的意義了。

但是跟他們協調就是最困難的部分，因為所有受到影響的亡靈合計將近百人，我告訴他們，我必須回去稟告菩薩，考量出一個最妥善的辦法，然後再告訴他們。

在尚未處理以前，我先請地頭的土地公先行安撫他們，並請他們不要再干擾現有的住戶，因為住戶是被貪婪的地主欺騙、隱瞞真相，讓他們承租土地後才造成的這樣的結果。」

一次要和這麼多的亡靈、嬰靈來溝通不是一件容易的事情，我需要請菩薩指導開示。

回到家後，我請示菩薩，祂跟我說：「這裡原有的墓園區很遼闊，其實葬在這裡的墓可以分成有人祭祀和無人祭祀兩種，隨著經濟發展，這一處的周邊開始開發，大型建物愈來愈多，不但佔據原有的墓園範圍，而且對於施工範圍內的有主舊墳處理得不盡理想，更不用說那些無主孤魂的墓主，根本沒有按照標準慣例處理，早已讓原本就住在這裡的靈魂群情激憤，所以這些無法解釋的意外或靈異事件之所以常常發生，都是亡靈的反撲所致。你這次去那裡處理時，要面對的絕對不僅止於近百位遊魂。

況且委託的事主夫婦兩人，他們本身的為人品德就極有爭議，自身引發的冤親債主很有可能就會召喚住在那裡的同屬性亡靈來協助，會造成更多更嚴重的危機。」

確認處理方式後，在正式召開法會前，我先抽一晚到他們家裡，先行和亡靈溝通，優先順序如下：房底下、屋內、旁邊緊臨、嬰靈、其他需要受到幫助、受到傷害的生靈，共六個部份。

當開始召開協調時，確實印證了菩薩所言，讓我驚訝萬分，雖然說起來，這些也都是人類自己所造成出來的惡果。

那晚，我花了三個小時跟他們溝通，接著安排正式處理的時間。

正式處理的那天，我安設好法壇及祭祀桌，桌上放著貢禮，接著點上了十二柱香，召請菩薩到場。

祂們都就位後。我開始請所有的亡靈、嬰靈、生靈過來，並請業主準備鏟子及人手。

首先，我們挖開椰子樹下的地，往下僅僅不到一尺，我們就開始發現不同時間埋入、大小不一的、疑似嬰兒的骸骨遺跡。他們的靈魂也一個一個出現在現場，那副情景令人傷感，他們臉上很明顯都顯露出悲傷與落寞。我默默數著人數，一直算到九十三後，就沒有再挖出任何的東西。

我們把他們的遺骸安置在鐵板上，準備好火化超渡。我唸誦往生咒，配合往生蓮、地府的支付憑證，與給孩子吃的牛奶、糖果、餅乾、衣服、鞋子，然後請地府的菩薩引領他們去投胎轉世。

緊接著是超渡壓在廠房建築下面的38位墓地主靈，及其他500多位無主亡靈。我頌完三部佛經後，由地府的將軍引導，將他們帶回地府安置。

最後的階段是超拔往生在此地的生靈。由於數量很多，我仔細細數，以36朵往生蓮花收納所有往生生靈，以水路將他們接往冥河，回到地府重新安排投胎。

最後，一切順利執行，把他們全部安置妥當後，再把業主的家全部淨宅乾淨，終於完成了今天的任務。雖然業主有預先準備好午餐，但我沒有留下用餐，就直接返家了。

處理完後，我就未曾再聽到他們家發生任何靈異事件，家裡也變得很順利。

至於男主人自己的品德修為，或是前世造成的因果業障所延伸的果報，仍然必須由他自己去負責。菩薩不會因為幫助他們處理了這個問題，就連帶解除他個人的因果。

解除因果最好的方法就是累積福報、佈施功德、腳踏實地、光明磊落，僅此而已，別無他法。

動物也會報恩！狗捨身救恩人，烏鴉幫助農場主護雞

人類一向都以高等智慧生物自居，完全藐視其他物種生存的權利，我們也時常聽聞有人任意殘害虐殺其他生命，但人類真的優於世界上其他任何生物嗎？

有句古老的諺語是「天生萬物必有所用」，我想分享熟識朋友的親身經歷，並提醒大家尊重其他生命生存的權力，人類只要是宇宙生命的一員，其實萬物都具備了值得尊重的智慧與能力，不該被輕視！

小狗被學生救助，犧牲自己讓學生免於車禍

有一位學生在上學途中看見一隻小狗，牠被廢棄的鐵絲網纏住了身體，沒辦法自己解開，也不知道多久沒有飲水進食了。牠硬撐著微弱的生命力，希望能夠找到助力

幫助解困。

這位學生看到牠的情況慢慢上前安撫，並嘗試幫忙解開鐵絲網。經過不斷努力後，終於解開了纏在小狗身上的鐵絲網。

學生拿出自己的身上的零食和飲水餵食小狗，並帶小狗到附近的動物醫院醫治，縫合牠身上被鐵絲網割開的傷口，之後請獸醫幫這隻小狗辦理領養。

沒有多久，醫院就幫小狗找到了新主人。學生很高興和小狗道別。小狗為了感謝學生的救命之恩，竟然自主跪地向學生叩頭，答謝他的救命恩情，眼中還含著淚水，鑽到學生的懷裡撒嬌。學生安頓好小狗後，很放心地離開了動物醫院。

他原本以為他們之間的關係會隨之結束。

三年後，學生有一天放學回家時，因為腳踏車在路口故障，所以他停在路口蹲下修理，沒注意到旁邊的路況。

這時，對向有一部貨車不知何故，竟突然斜向往學生衝過來。

學生根本沒有發現死亡即將要降臨在他的身上。

突然，學生被一股衝擊力撞離修腳踏車的位置，一聲巨響，伴隨著撕吼的慘叫聲，然後是五十公尺遠的馬路上跌落了一隻小狗，一動也不動了。

這時，學生才回過神，意識到發生了什麼事情。

他看到一位似曾經相識的人衝向那隻狗，臥在小狗身旁，他才想起他們就是當年他曾經救過的那隻狗和領養牠的新主人。

這時，貨車司機也趕去小狗身邊，他們三人默默看著小狗，牠已經完全沒有生命跡象，即使用盡了急救方法也沒有辦法改變現況，牠的內臟已經傷得太過嚴重，再多的措施也無法挽回牠的生命了。

新主人對學生說：「我剛好帶著狗狗散步，快到事發地點時，狗狗好像看到熟悉的人，一邊搖尾巴一邊向前衝，掙脫了繩索衝向你，把你撞離修車的位置，你才躲過了失控貨車的致命一擊。牠救了自己的救命恩人，卻付出了自己的生命……」

這時，學生眼淚奪眶而出，所有現場圍觀的民眾在了解情況後，也都不禁流下了感動的眼淚。

小烏鴉長大後幫忙保護果園的土雞

另一個故事是關於住在梨山的朋友所養的烏鴉。

住在梨山的朋友以種蘋果維生，他在山上的果園裡飼養了一些土雞來啄食果樹上的蟲害，不僅可以降低果樹農藥的用量，又可以把果園內的土雞養肥。

這些雞深受顧客的喜愛，但因為土雞數量龐大，引起山上飛禽的覬覦，所以飛禽經常會抓雞，讓他傷透腦筋，但又不忍心去傷害這些覓食的飛禽。

有一天，他到山頂的果園時，無意中撿到一對鳥類的幼雛，因為他對鳥類沒有很深的概念，所以不知道牠們到底是什麼鳥，但是基於不忍之心，把這對幼鳥養在工寮中細心照顧。

沒多久，小鳥逐漸長大，他才知道原來牠們是烏鴉。在牠們長到可以飛行的時候，牠們的聲音引來母烏鴉，朋友確認牠們應該就是母子關係後，打開籠子，讓兩隻幼雛跟隨母親的召喚，飛上天空，漸漸跟著母親消失在天空中。

這位朋友也很高興看到牠們家人終於團圓了，放下原本忐忑不安的心，逐漸忘記了這件事情。

直到幾個月後的一天，他在果園工作時，突然聽到天空有鳥類相互攻擊，發出打鬥的聲音。他抬頭一看，發現有三隻烏鴉正在圍攻兩隻大冠鷲，阻止牠們攻擊自己果園裡的土雞。

三隻烏鴉的密切合作趕跑了老鷹，其中兩隻烏鴉降落到工寮旁的蘋果樹上，果農才知道牠們就是當時救的幼雛。牠們的母親停在遠遠的樹稍上，一方面注視天空上的動靜，一方面注意自己的孩子。

果農摘了一顆蘋果，切成小片，餵食這兩隻烏鴉，看著牠們吃得很高興，並呼叫自己的母親一起來享用。他又切了一顆蘋果，放在工寮的屋頂給母鳥食用。

從那天開始，幾乎每天都可以看到牠們母子三隻鳥幫忙果農守護果園內的土雞。我聽那朋友說，這個烏鴉家族守護果園接近三代的時間！

後記

以上這兩個真實故事告訴我們：天下萬靈皆有情義，有恩報恩，有仇報仇。生命的本質，原本就是平等互惠，本就不應有貴踐之分。既然人類都以高智慧的物種自許，難道就不該以更高的水準來自我要求，並尊重照顧其他的生命嗎？

佛祖釋迦牟尼佛出生在印度，他的家族是印度五種種姓的最高的「婆羅門」，但是祂並沒區分階級貴賤，弟子的種姓涵蓋了印度所有的五種種姓，其中有一名弟子摩登伽女是女性，且屬於印度最低的種姓，擔任過很久讓一般人極為鄙視低賤的工作，但最後也參透了佛法，悟性成佛。

其實出身的高低好壞並不影響自己的人品德行，最重要是在自我修行、修為的結果。

在天界的大羅金天是所有修為有成悟性成佛的萬靈受封成為佛菩薩的地方，也是釋迦牟尼佛教化深緣弟子的地方。在大羅金天受封成佛的，不但沒有種族、膚色、宗教之分，宇宙萬物公平一致，更讓人驚訝的是，悟性成佛的不是只有類人族而已，其中不乏包括了宇宙間所有的生靈萬物，這表示天下無難事，只怕有心人。

其實萬物之中背骨性最強烈的就是人類，尤其是人性自私自利的本性。雖然仍有許多人懂得知恩圖報，但整體來看，人類遠遠不如宇宙其他的生靈萬物，這狠狠地打臉了「頂端」的稱號。

人類除了相貌堂堂之外，其他部分到底比其他物種好在哪裡？還有更多人不知道的是，每當天災人禍或自然即將發生巨變時，最先知道的就是動物。有句諺語是：春江水暖鴨先知！南亞大地震時，泰國的大象帶領觀光客與飼主逃到山上，逃離強勁的海嘯，這完全歸功於大象敏銳的超感應力，然而其他未乘坐大象的遊客則遭到洪流淹沒喪命。

人類是幸運的，但人類賴以生存的地球，被人性的自私貪婪破壞得慘不忍睹，人類殘忍屠殺其他物種未曾手軟，致使地球將面臨嚴峻的毀滅。

當人類一無所有時，我們都已經後悔莫及，於事無補。自己潔身自愛已經緩不濟急，我們更需要積極勸化身邊的親友人共同努力，尊重維護這塊土地上所有的生命，珍惜所有的資源，才能夠真正的保護我們自己得以存活下來。

你們說是嗎？

國家圖書館出版品預行編目資料

跟隨菩薩的修行者：我那見證善惡輪迴、執念果報的靈能人生╱劉偉中著 . -- 初版 . -- 臺中市：晨星出版有限公司，2024.02

面；　公分 . --（勁草生活；548）

ISBN 978-626-320-735-6（平裝）

1.CST: 通靈術　2.CST: 心靈感應

296.1　　112020270

歡迎掃描 QR CODE
填線上回函！

勁草生活 548

跟隨菩薩的修行者

我那見證善惡輪迴、執念果報的靈能人生

作者	劉偉中
編輯	許宸碩
校對	許宸碩
封面設計	ivy_design
美術設計	黃偵瑜
創辦人	陳銘民
發行所	晨星出版有限公司 407 台中市西屯區工業 30 路 1 號 1 樓 TEL：04-23595820　FAX：04-23550581 E-mail：service-taipei@morningstar.com.tw http://star.morningstar.com.tw 行政院新聞局局版台業字第 2500 號
法律顧問	陳思成律師
初版	西元 2024 年 02 月 15 日（初版 1 刷）
讀者服務專線	TEL：02-23672044 ╱ 04-23595819#212
讀者傳真專線	FAX：02-23635741 ╱ 04-23595493
讀者專用信箱	service@morningstar.com.tw
網路書店	https://www.morningstar.com.tw
郵政劃撥	15060393（知己圖書股分有限公司）
印刷	上好印刷股分有限公司

定價 390 元

ISBN 978-626-320-735-6

Published by Morning Star Publishing Inc.
Printed in Taiwan